OEUVRES
DE FLORIAN.
THÉÂTRE.

DE L'IMPRIMERIE STÉRÉOTYPE DE MAME,
RUE DU POT-DE-FER, n° 14.

Théâtre. Tom. I.

THÉATRE
DE FLORIAN.

C'est là tout mon talent ; je ne sais s'il suffit.
LA FONT. V, 1.

TOME PREMIER.

PARIS,
CHEZ ANT. AUG. RENOUARD,
rue Saint-André-des-Arcs, n°. 55.
M. DCCC. XII.

AVANT-PROPOS.

En donnant au public le recueil de mes comédies, je me garderai bien de le faire précéder de réflexions sur la comédie. Ce serait d'abord risquer d'ennuyer, péril qu'on ne peut assez craindre; ensuite je serais sûr de me nuire : car de deux choses l'une : ou je prouverais que je suis un ignorant, et personne ne gagnerait à cette découverte; ou je me montrerais fort instruit, et l'on m'en trouverait plus coupable d'avoir fait des pièces si imparfaites, en sachant si bien comment on les fait bonnes. Je ne veux donc parler ici que du genre que j'ai adopté, dire les motifs de cette adoption, et relever les fautes que je n'ai pas évitées.

Pour pouvoir définir ce genre, il faut dire un mot des autres; il faut répéter, ce que l'on sait déjà, que la comédie de caractère est sans contredit le plus beau, le plus utile, le plus difficile de tous les drames. Quel travail que celui d'étudier jusqu'aux plus petits traits de l'homme qu'on veut peindre, de fouiller dans les replis de son cœur, d'y surprendre ses sentimens les plus cachés, et d'imaginer ensuite des situations où, dans l'espace de deux heures, tous ces traits, tous ces sentimens soient développés en amusant, en intéressant toujours deux mille personnes rassemblées au hasard, et très indifférentes à l'affaire dont il s'agit! Un tel ouvrage, quand il est parfait, me semble le chef-d'œuvre de l'esprit humain.

Mais ce chef-d'œuvre, en tous les temps si difficile, l'est peut-être aujourd'hui plus que jamais. Quand il naîtrait un second Molière, merveille que la nature ne produit plus vraisemblablement, pourrait-il se flatter d'égaler le premier ? Trouverait-il des sujets tels que *le Misanthrope*, *le Tartufe*, *l'Avare* ? Je ne le crois pas. Les caractères qui restent à traiter me semblent petits auprès de ces grands modèles. Je juge du moins qu'ils doivent être peu saillans par la peine qu'on a de leur trouver même un nom.

On pourrait donc penser qu'il ne reste

guère à peindre que des demi-caractères ; encore les modèles en sont-ils rares. C'est dans le monde qu'il faut les chercher ; et j'ai cru remarquer que dans le monde on se ressemble un peu. Le grand précepte, *Il faut être comme les autres*, qui fait la base de nos éducations, met une assez grande conformité dans les mœurs, dans les actions, dans le langage de ceux qui composent la société. Chaque âge, chaque état a ses idées, son ton, ses manières convenues : on les prend sans s'en apercevoir, on les garde par paresse, souvent par respect humain ; et les formules, les devoirs d'usage, l'obligation de parler lorsqu'on ne voudrait rien dire, l'habitude de traiter comme des amis ceux dont on ne se soucie guère, enfin la monotonie de la politesse, si l'on peut s'exprimer ainsi, éteignent le naturel, et font disparaître les nuances des caractères. Tout n'en est peut-être que mieux ; et il faut bien que cela soit, puisqu'on a l'air si heureux dans le monde. Je ne prétends point m'ériger en censeur ; je veux dire seulement que j'ai trouvé un peu de ressemblance entre ce monde bruyant et le bal de l'Opéra. C'est assurément un lieu enchanteur ; on y fait infiniment d'esprit ; on y voit de très jolis masques ; mais un peintre serait peut-être embarrassé d'y trouver une physionomie.

D'après ces réflexions, bonnes ou mauvaises, et auxquelles je n'attache aucune prétention, j'aurais renoncé à la comédie de caractère, quand bien même j'en aurais eu le talent : car le talent ne suffit pas ; c'est du sujet que dépend le sort d'une pièce. Si cela n'était pas vrai, nos grands hommes n'auraient fait que des chefs-d'œuvre.

Peut-être aussi, et je le croirais bien, mon impuissance m'a-t-elle rendu ces raisons meilleures. J'en conviendrai volontiers à chaque bonne comédie de caractère que l'on nous donnera ; mais, en attendant, je croirai qu'à moins de se sentir un talent très supérieur, on fera mieux de traiter la comédie de sentiment ou la comédie d'intrigue.

J'entends par la comédie de sentiment celle que La Chaussée fera vivre à jamais, malgré les épigrammes de ses critiques ; celle qui met sous les yeux du spectateur des personnages vertueux et persécutés ; une situation attachante où la passion combat le devoir, où l'honneur triomphe de l'intérêt ; celle enfin qui sait nous instruire sans nous ennuyer, nous attendrir sans nous attrister, et qui fait couler ces douces larmes, le premier besoin d'une âme sensible.

La comédie d'intrigue, qui porte sur la même base que la comédie de sentiment, l'intérêt, emploie des moyens tout différens. Un vieillard amoureux, un rival ridicule, des valets adroits, des dangers sans cesse renaissans, des ressources toujours imprévues, des méprises enfin, moyen le plus sûr de tous au théâtre ; voilà par quels ressorts elle attache, égaie le spectateur, l'amuse assez pour l'intéresser et le fait rire des malheurs qui peuvent lui arriver le lendemain.

Ces deux genres me semblent inépuisables. Avec de l'esprit et de la sensibilité, on trouvera souvent des intérêts nouveaux, des situations piquantes. Les vices, les travers sont bornés ; mais les passions, et heureusement les vertus, nous offrent un champ immense.

La réunion des deux genres dont je viens de parler ferait sans doute un bon ouvrage : malheureusement cette réunion est extrêmement difficile. Presque toujours le comique nuit à l'intérêt, et l'intérêt exclut le comique. J'ai cru pourtant qu'il n'était pas impossible de les allier. J'ai pensé que le sentiment et la plaisanterie pouvaient tellement être unis, qu'ils fussent quelquefois confondus, que le spectateur s'égayât et s'attendrît en même temps, qu'il fût également ému par l'intérêt de l'action et réjoui par le comique de l'acteur, en un mot, que le même personnage fît pleurer et rire à la fois. Pour cela j'avais besoin d'Arlequin (1).

---

(1) Ce personnage, qui paraît avoir été connu des anciens, a été l'objet des recherches de plusieurs auteurs. L'opinion la plus vraisemblable, c'est qu'il fut dans son origine un esclave africain. Son visage noir et sa tête rasée semblent l'indiquer. Quant à son habit de trois couleurs, ce que j'ai pu découvrir,

AVANT-PROPOS. 7

Ce caractère est le seul peut-être qui rassemble l'esprit et la naïveté, la finesse et la

---

sinon de plus authentique, au moins de plus agréable, le voici :

Un pauvre petit nègre orphelin, abandonné près de Bergame, ne trouva d'amis et de protecteurs que dans trois enfans de son âge, qui jouaient hors de la ville. Ils eurent pitié du malheureux étranger, commencèrent par lui donner leur pain; et, le voyant presque nu, ils résolurent de l'habiller; mais ils n'avaient point d'argent. Heureusement chacun d'eux était fils d'un marchand de drap. Sans s'être donné le mot, les trois petits bienfaiteurs volèrent, le même jour, dans la boutique de leur père, une demi-aune de drap pour vêtir leur jeune ami. Ces trois demi-aunes se trouvèrent de différentes couleurs. Malgré cet inconvénient, on se hâta de les coudre ensemble du mieux qu'on put. L'habit fut assez mal taillé; mais il parut à tous fort joli. On voulut même donner une épée à celui qu'on trouvait si bien mis : un morceau de bois fit l'affaire. Alors on crut pouvoir présenter le petit étranger dans la ville. Arlequin s'y établit, et la reconnaissance lui fit un devoir de porter toujours cet habit, qui lui rappelait un bienfait si aimable.

balourdise. Arlequin, toujours simple et bon, toujours facile à tromper, croit ce qu'on lui dit, fait ce que l'on veut, et vient se mettre de moitié dans les pièges qu'on veut lui tendre : rien ne l'étonne, tout l'embarrasse; il n'a point de raison, il n'a que de la sensibilité; il se fâche, s'apaise, s'afflige, se console dans le même instant : sa joie et sa douleur sont également plaisantes. Ce n'est pourtant rien moins qu'un bouffon; ce n'est pas non plus un personnage sérieux, c'est un grand enfant : il en a les grâces, la douceur, l'ingénuité; et les enfans sont si aimables, si attrayans, que j'ai cru mon succès certain si je pouvais donner à cet enfant toute la raison, tout l'esprit, toute la délicatesse d'un homme.

Delisle et Marivaux en avaient déjà tiré un grand parti. Le premier a fait de son Arlequin un philosophe de la nature, misanthrope gai, cynique décent, qui voit les objets comme ils sont, les montre comme il les voit, s'exprime avec énergie, et fait rire en raisonnant juste.

Marivaux, ce grand anatomiste du cœur

humain, qui, pour avoir voulu tout dire, n'a pas toujours dit ce qu'il fallait, Marivaux a fait des Arlequins moins naturels, moins philosophes que ceux de Delisle, mais plus délicats, plus aimables, et qui, à force d'esprit, rencontrent quelquefois la naïveté.

Je n'ai voulu copier ni Marivaux, ni Delisle. Cela ne m'aurait pas été facile : l'un avait plus de finesse, l'autre plus de profondeur que moi. J'ai voulu peindre un Arlequin bon, doux, ingénu, simple sans être bête, parlant purement, et exprimant avec naïveté les sentimens d'un cœur très tendre. Une fois ce caractère établi, non d'après les auteurs qui s'en étaient servis avant moi, mais d'après mes idées particulières, j'ai cherché des intrigues qui pussent m'aider à le développer. J'étais presque sûr que mon héros était intéressant; son masque et son habit le rendaient comique : il ne fallait plus que trouver des situations attachantes, et je devais faire rire et pleurer. Il reste à savoir si j'y suis parvenu.

Lorsque j'osai risquer pour la première fois au théâtre l'Arlequin que je m'étais créé, il y avait plus de vingt ans que la comédie italienne avait abandonné les pièces de Marivaux et de Delisle, pour des canevas italiens que les acteurs remplissaient à leur gré. J'essayai de rappeler un genre oublié. Je fis représenter par des acteurs italiens une pièce toute française, LES DEUX BILLETS. Elle réussit, quoiqu'elle ne fût pas jouée par le célèbre Carlin, acteur à jamais recommandable par ses grâces, par son naturel, et à qui peut-être il n'a manqué que de la mémoire pour être le premier des acteurs comiques.

D'après ce succès qui m'encouragea, d'après une chute qui m'éclaira (1), je voulus donner à mes comédies un but de morale et d'utilité. Cette idée n'avait rien de neuf; car toutes les bonnes comédies sont ou doivent être morales. Mais, avec le personnage que j'avais choisi, je ne pouvais pas développer de grands sujets, ni prétendre à corriger les

---

(1) *Arlequin, Roi, Dame et Valet*, tombé le 5 novembre 1779, et jeté au feu le 6 du même mois.

hommes en ataquant de grands vices : j'essayai du moins de les exciter à la vertu, en leur rappelant combien elle donne de vrais plaisirs. Je voulus surtout présenter le tableau de ces vertus familières, de ces vertus de tous les jours, les plus utiles peut-être, les plus nécessaires au bonheur : car ce ne sont pas, ce me semble, les grands préceptes de la morale et de la philosophie que l'on trouve à mettre en pratique le plus souvent. On est rarement dans le cas de sacrifier à son devoir, à la patrie, à l'honneur, son repos, sa fortune, sa vie ; mais on est obligé à tous les instans d'être un bon fils, un bon époux, un bon père.

Voilà les modèles que je résolus de tracer. J'avais déjà peint le désintéressement du véritable amour; je tentai de peindre le bonheur de deux époux bien unis, et de prouver qu'il ne faut jamais soupçonner un cœur que l'on connaît vertueux. Je voulus ensuite esquisser le tableau d'un père qui adore sa fille, et qui voit sa tendresse récompensée par la confiance la plus entière; celui d'une mère sage qui se sacrifie elle-même pour rendre sa fille au bonheur ; enfin celui d'un fils vertueux et sensible qui immole sa passion à sa mère.

Tels sont les sujets des DEUX BILLETS, du BON MÉNAGE, du BON PÈRE, de LA BONNE MÈRE, et du BON FILS. Les trois premières pièces forment, pour ainsi dire, le roman de mon Arlequin, mis en action dans les trois états de la vie les plus intéressans : ceux d'amant, d'époux, et de père. En lui conservant toujours son caractère original, je l'ai fait parler différemment dans ces trois comédies, parce que ses affections et son âge sont différens.

Dans LES DEUX BILLETS, Arlequin est très jeune et amoureux. Il a plus d'esprit que dans les deux autres pièces, par la raison qu'il est amoureux, et que l'amour, qui ôte souvent l'esprit à ceux qui en ont, en donne infiniment à ceux qui, comme Arlequin, ne savent jamais qu'ils ont de l'esprit. Quant à sa façon d'aimer, elle est peinte dans la pièce. Le succès qu'elle a eu ne m'a point aveuglé sur le défaut du dénouement. Le billet de loterie devrait rentrer dans les mains de son vrai maître par un moyen plus ingénieux que celui dont se sert Argentine : je le sais, et j'avoue en toute humilité que je n'ai pu en trouver un autre.

Dans LE BON MÉNAGE, Arlequin est marié depuis long-temps. Il adore sa femme ; mais cet amour, le meilleur de tous, fondé sur l'estime et la confiance, doit être aussi tendre et moins galant que celui des DEUX BILLETS. Aussi ai-je fait mes efforts pour exprimer cette nuance, pour rendre le dialogue plus simple et plus naturel. Arlequin joue avec ses enfans, et cause avec sa femme ; l'esprit n'a rien à faire là. Deux époux bien unis, bien sûrs l'un de l'autre, ne font pas des madrigaux ; ils sont mutuellement, et sans avoir besoin de s'en avertir, l'objet constant de toutes leurs actions, de toutes leurs pensées : mais ils ne parlent point d'amour, cela va sans dire ; ils s'aiment, puisqu'ils existent.

Quelques personnes ont trouvé mauvais qu'Arlequin pardonnât à sa femme avant qu'elle eût prouvé son innocence. Si c'est un défaut, on doit d'autant plus me le reprocher, que c'est pour ce défaut-là que j'ai fait la pièce.

Le bon Père est écrit d'un style plus élevé que celui des deux autres comédies ; j'ai peut-être à m'en justifier. Arlequin est devenu riche ; il vit à Paris dans la bonne compagnie : un homme de condition veut épouser sa fille ; il est impossible qu'il n'ait pas pris un peu du ton de ceux qui l'entourent. Il n'a plus son habit, il n'a que son masque : j'ai tâché de ne lui conserver de son ancien langage qu'en proportion de ce qui lui restait d'Arlequin.

Le grand défaut de ce petit ouvrage, c'est qu'Arlequin ne fasse point d'action principale qui caractérise précisément le bon Père. Il pourrait s'appeler tout aussi bien l'honnête Homme ; et le dénouement justifierait mieux ce dernier titre. J'en conviens ; et j'ai réparé, autant qu'il était en moi, cette faute en multipliant les détails de tendresse paternelle, en représentant un père toujours occupé de sa fille, ne parlant que de sa fille, ne pouvant être heureux que du bonheur de sa fille. Je n'ose pas ajouter qu'un grand sacrifice, un beau trait d'amour paternel, est peut-être moins difficile, et caractérise moins un bon père, que cette habitude continuelle de sollicitude et de tendresse.

Le rôle d'Arlequin dans LA BONNE MÈRE est bien moins considérable que ceux dont je viens de parler. J'ai craint qu'il n'attirât trop l'attention qui doit se porter sur la bonne mère. J'ai été un peu gêné dans les détails de tendresse que j'ai donnée à cette bonne mère, parce que j'avais déjà fait le bon père, et que la ressemblance de deux caractères en devait mettre nécessairement dans l'expression de leurs sentimens. Aussi ai-je bien senti que Mathurine n'a pas, dans ses scènes avec Lucette, autant d'amour, de douceur, d'épanchemens tendres, que le bon père avec Nisida. Cette imperfection est peut-être rachetée par la belle action de Mathurine; de sorte qu'elle ne fait qu'agir, et le bon père ne fait que parler. Chacun des deux ouvrages a son défaut, que l'on verra bien sans que je le dise : mais j'aime mieux le dire le premier.

Dans LE BON FILS, il n'y a point d'Arlequin;

parce que la situation du bon fils, obligé de choisir entre sa mère et sa maîtresse, forcé de sacrifier l'une à l'autre, semble exclure de son rôle toute espèce de comique. Non-seulement il ne faut pas que le bon fils rie, mais il ne faut pas qu'il fasse rire un moment. L'intérêt est, ce me semble, trop vif, trop important pour admettre le moindre comique. Dès-lors il est nécessaire de bannir toute idée d'Arlequin, qui, dans quelque situation qu'on le place, doit toujours faire sourire.

J'avoue que le grand défaut du BON FILS est ce manque de comique : j'ai tâché d'y suppléer par le rôle de Thibaut. J'avoue encore que je me suis consolé d'avoir fait, sans Arlequin, une comédie en trois actes, où j'ai présenté un modèle de la première vertu que l'on met en usage dans le monde. J'y ai trouvé le plaisir de rassurer quelques personnes qui, me voyant toujours faire des pièces avec un Arlequin, craignaient (par amitié pour moi) que je ne pusse jamais faire autre chose. Un intérêt si tendre méritait bien que je prisse la peine de leur offrir une comédie sans Arlequin. J'aurais eu d'autant plus mauvaise grâce à me refuser à cette complaisance, que LE BON FILS est de tous mes ouvrages celui qui m'a le moins coûté.

Afin de compléter ce petit cours de morale, j'ai voulu faire une pièce pour des enfans. J'ai pris mon sujet dans M. Gessner; et le nom de cet aimable auteur m'a rendu ce sujet plus cher que si je l'avais inventé. J'ai eu grand soin de faire imprimer à la tête de ma pastorale la charmante idylle qui me l'a fournie. J'ai été fier de mêler dans mes ouvrages un ouvrage du chantre d'Abel. Il m'a semblé que cette idylle porterait bonheur à mon recueil, et qu'une simple fleur du jardin de M. Gessner suffirait pour parfumer tout mon bouquet.

J'ai encore un autre espoir. Je me suis flatté que dans ces familles bien unies, que j'ai toujours en vue lorsque je travaille, les enfans de la maison joueraient MYRTIL ET CHLOÉ à la fête de leur mère, à la convalescence de leur père. Cette idée m'a réjoui, parce que j'aime les enfans et les fêtes de famille. Je suis sûr d'avance que le jeu de ces aimables acteurs, la circonstance, l'émotion d'un cœur paternel, effaceront tous les défauts de mon petit ouvrage; et la certitude qu'il fera couler des larmes a suffi pour m'attacher à cette bagatelle, qui ne vaut pas la peine d'être examinée.

La ressemblance parfaite de deux Arlequins m'avait toujours semblé un joli sujet de comédie. L'ancienne pièce des deux Arlequins de Le Noble m'encourageait à la faire; mais les Ménechmes m'effrayaient. Je pris le parti de réduire ma comédie à un acte, pour éviter toutes les situations qui se trouvent dans les Ménechmes. J'observai scrupuleusement de couper toutes les scènes qui pouvaient ressembler à celle de Regnard, et cela n'a pas empêché de dire que j'avais copié les Ménechmes.

Ce n'est point là le défaut de cette petite comédie, qui pèche plutôt par le manque d'intrigue. Comme ce reproche est grave, je ne veux point en trop parler. D'ailleurs, de toutes mes pièces, celle des JUMEAUX DE BERGAME a le plus réussi; et je n'ai garde d'appeler du jugement du public.

AVANT-PROPOS.

Jeannot et Colin fut un de mes premiers ouvrages. Si je le faisais aujourd'hui, ce ne serait point Colin et Colette qui parleraient les premiers pour annoncer Jeannot ; ce serait au contraire Jeannot qui annoncerait Colin et Colette, parce que ces derniers sont les plus intéressans, et que leur arrivée, qui ne fait point d'effet, puisqu'on ne les connaît pas, en ferait beaucoup si l'on avait parlé d'eux. J'amenerais sur la scène tous les personnages, tous les tableaux dont ce sujet est susceptible ; j'essaierais de peindre les faux amis, les flatteurs, les parvenus ; enfin je suivrais mieux le conte dont je me suis trop écarté. Mais, dans le temps où j'ai fait cette pièce, je n'y voyais que Colin et Colette ; je regardais comme inutiles toutes les scènes où je ne parlais pas d'amour et d'amitié. Au lieu d'une bonne comédie, qu'un homme plus instruit que moi aurait faite, je ne voulais écrire qu'un petit drame touchant. Heureusement je pleurais en travaillant ; quelques spectateurs ont pleuré à la représentation, et ma pièce a été sauvée. L'attachement qu'on a toujours pour ses premiers essais m'a empêché d'y retoucher. Je n'en applaudirais pas moins à celui qui traiterait ce sujet d'une manière plus digne du conte.

J'ai voulu faire un mélodrame ; et je crois avoir bien choisi le sujet d'Héro et Léandre. Ovide m'a fourni plusieurs traits ; c'est le seul mérite de cette bagatelle.

Je ne détaillerai point les défauts du Baiser, et de Blanche et Vermeille, parce qu'on leur en a trouvé beaucoup. La féerie et la pastorale ne sont plus de mode, et l'on a raison de rejeter un genre trop éloigné de la nature. Plus j'ai senti le défaut de ce genre, plus je me suis attaché à le soutenir par le style. Le temps et le travail n'y ont pas été épargnés. Ces deux pièces n'en sont peut-être pas meilleures ; mais je les joins à ce recueil, parce que l'enfant que l'on chérit le mieux est toujours celui qui a pensé mourir.

Les ouvrages dont je viens de parler composent tout mon petit théâtre. Le rôle d'Arlequin le rend plus difficile qu'un autre à représenter dans les provinces, où presque toujours les troupes manquent d'Arlequin. Quoique ce rôle perde beaucoup sans l'habit et le masque, on peut cependant le remplacer par un Lubin semblable à celui de LA SECONDE SURPRISE DE L'AMOUR. C'est à peu près le même caractère; et l'épreuve en a été faite en plusieurs villes, où tous mes Arlequins ont été joués avec succès par des Lubins. On aurait encore moins de peine à faire du bon père un bourgeois qui s'appellerait M. Mondor.

C'est à ce court recueil que je borne ma carrière dramatique : je la trouve trop difficile pour mon faible talent. J'ai fait de mon mieux : je n'ai pas trop bien fait; c'est une raison de plus pour me reposer. Je me suis hasardé sur une mer orageuse avec une petite nacelle; c'est une imprudence. Heureusement ma nacelle, après deux ou trois coups de vent, est rentrée saine et sauve dans le port; j'en remercie le ciel, et je n'ai rien de mieux à faire que d'offrir mon petit bateau en actions de grâces au dieu qui m'a sauvé; ce dieu est le public, ce recueil est ma nacelle.

LES DEUX BILLETS,

COMÉDIE

EN UN ACTE ET EN PROSE,

Représentée pour la première fois sur le théâtre italien, le mardi 9 février 1779.

PERSONNAGES.

ARLEQUIN, amant d'Argentine.
ARGENTINE.
SCAPIN, rival d'Arlequin.

La scène est à Paris, dans une place publique, où l'on voit la maison où demeure Argentine.

LES DEUX BILLETS,
COMÉDIE.

SCÈNE I.

ARLEQUIN, *seul, un billet à la main.*

Voici la première fois que je suis bien aise de savoir lire. Quel bonheur! elle m'aime. J'en suis sûr à présent; elle l'a dit, elle l'a écrit, et Argentine ne peut pas mentir : elle a la bouche trop jolie et la main trop blanche pour tromper. Relisons encore son billet. (*Il lit.*) « Sois tranquille, mon bon ami, ton rival ne « doit te donner aucune inquiétude. Je t'aime. » Je t'aime!... Je n'ose pas baiser ce mot-là, de peur de l'effacer. (*Il continue de lire.*) « Mon « cœur est à toi pour toujours : tu auras ma « main quand tu voudras. » Quand je voudrai! Je ne fais que le vouloir depuis que je la connais. Ma chère lettre! ma bonne lettre! (*Il la baise.*) Allons, plus d'inquiétude. Ce coquin de Scapin m'offusquait. Il fait semblant d'aimer Argentine; et souvent ces amoureux menteurs ont de l'avantage sur les amoureux qui parlent vrai. Heureusement Argentine n'est pas de cet avis-là. Allons la remercier, et prendre jour pour notre mariage. Ah! comme il sera beau ce jour-là (*Il va et revient.*) Il y a pourtant quelque chose qui me chagrine : Argentine a du bien ; je n'ai rien, moi : je voudrais être riche, ou qu'elle fût pauvre. Quand il y a, comme cela, de l'argent d'un côté, et qu'il n'y a que de l'amour de l'autre, je ne sais pas, mais cela ne va jamais si bien que lorsque tout est égal, et qu'il y a amour contre amour. J'ai beau faire, je ne peux pas devenir riche : tous les mois je mets mes gages à la loterie ; mes numéros restent toujours au fond du sac. J'en ai encore pris trois pour ce tirage-ci, les voilà : (*Il tire un billet de loterie.*) 7, 19, 48. J'ai mis six francs sur ce terne-là : s'il sort, ma fortune est faite, et je l'offre à ma chère Argentine ; s'il ne sort pas, au premier tirage je prendrai tous les numéros, nous verrons s'il en sortira un. En attendant, allons trouver Argentine..... Mais voici Scapin, cachons ma lettre, et attendons qu'il soit parti. (*Arlequin met ses deux billets dans la même poche.*)

SCÈNE II.

SCAPIN, ARLEQUIN..

SCAPIN.

Bonjour, Arlequin.

ARLEQUIN.

Serviteur, monsieur.

SCAPIN.

Comment, MONSIEUR! Tu me parles toujours comme si tu étais fâché. Je ne te ressemble pas, moi; et...

ARLEQUIN.

Oh! je sais fort bien que nous ne nous ressemblons guère.

SCAPIN.

Mais tu n'y penses pas, mon ami : parce que nous aimons tous deux la même personne, faut-il que nous nous détestions? Une femme ne vaut pas la peine que deux honnêtes gens se brouillent.

ARLEQUIN.

D'abord, pour que deux honnêtes gens puissent se brouiller, il faut qu'ils soient tous deux honnêtes gens, et...

SCAPIN.

Ah! monsieur Arlequin...

ARLEQUIN.

Monsieur Arlequin ne vous aime pas : je vous le dis franchement. Tout mon bonheur dépend d'Argentine; je ne sais rien, je ne veux rien, je ne peux rien que l'aimer : et vous, qui voudriez épouser son argent, vous faites semblant de désirer sa personne. Vous lui plairez peut-être plutôt que moi; car un homme qui n'est point amoureux a toute sa tête pour plaire, au lieu que moi je n'ai rien. Tout cela me tracasse; je voudrais vous savoir loin d'ici.

SCAPIN.

Mon cher Arlequin, il faut pourtant s'accoutumer aux rivaux : tu es un beau garçon sans doute, mais il y a des gens courageux que cela n'effraie pas. Il faudrait bien prendre ton parti, si Argentine ne rendait pas justice à ton mérite.

ARLEQUIN.

Je le prendrai, soyez tranquille! Bonsoir.

SCAPIN.

Où vas-tu donc?

ARLEQUIN.

Je vais voir tirer la loterie.

SCAPIN.

Elle est tirée il y a plus d'une demi-heure.

SCÈNE II.

J'ai la liste dans ma poche, voici les numéros : 7, 20, 48, 12, 19.

ARLEQUIN.

Que dis-tu ! Attends. (*Il tire son billet de loterie.*) 7 en est-il ?

SCAPIN.

Oui.

ARLEQUIN.

19 aussi ?

SCAPIN.

Oui.

ARLEQUIN.

Et 48 aussi ?

SCAPIN.

48 aussi.

ARLEQUIN.

Ah ! tu badines.

SCAPIN.

Non, ma foi ; regarde toi-même.

ARLEQUIN.

Ma fortune est faite, mon terne est venu. Que d'argent je vais avoir ! C'est bon, mon mariage sera tout d'amour.

SCAPIN.

Comment ! (*Il regarde le billet d'Arlequin.*) Il a, ma foi, raison. Ce drôle-là est bien heureux.

ARLEQUIN.

Il y avait long-temps que je guettais ce terne-là ; je suis sûr que j'ai passé près de lui plus de trente fois : à la fin je l'ai attrapé. (*Il remet son billet dans la même poche.*)

SCAPIN, *à part.*

Si je pouvais accrocher ce billet-là !

ARLEQUIN.

Adieu, je vais me faire payer ; car je dois placer tout de suite cet argent, non pas sur ma tête, mais sous les plus jolis petits pieds du monde.

SCAPIN.

Attends donc, tu ne sais pas seulement où il faut aller pour te faire payer.

ARLEQUIN.

Non.

SCAPIN.

Ecoute : je vais t'indiquer où demeure celui qui paie. (*Pendant tout le reste de la scène Scapin cherche à voler le billet d'Arlequin, et celui-ci le dérange toujours.*) Tu sais bien où est le Luxembourg ?

ARLEQUIN.

Oui.

SCAPIN.

Hé bien, c'est là que l'on paie.

SCÈNE II.

ARLEQUIN.

Au Luxembourg ?

SCAPIN.

Oui.... C'est-à-dire..... Non..... avant d'y entrer, à droite, tu verras une porte cochère...... Tiens....... voilà le Luxembourg, là, à droite, il y a une porte cochère........ jaune.

ARLEQUIN.

Une porte jaune ?

SCAPIN, *vite*.

Oui ; tu la reconnaîtras tout de suite. Tu frapperas, l'on t'ouvrira ; tu entres, tu vois un escalier à gauche, tu montes ; tu trouves au premier une petite porte grise, une sonnette avec un pied de biche ; tu sonnes : vient un domestique : Je demande à parler à M. le directeur. Donnez-vous la peine d'entrer. On te mène à son bureau, tu lui montres ton billet. Vite de l'argent à monsieur, trente sacs de mille francs. Les voilà, monsieur. Voulez-vous bien vous donner la peine de regarder si le compte y est ? On peut se tromper : voyez, voyez..... (*Arlequin se baisse et regarde par terre ; Scapin vole le billet.*) On te prend ton billet : et tout est fini.

ARLEQUIN.

Oh ! c'est clair. Vis-à-vis, porte jaune,

porte grise, pied de biche, domestique, l'escalier, trente sacs de mille francs, voyez si le compte y est..... C'est clair. J'y cours tout de suite. Pardi! sans toi j'aurais été bien embarrassé; je te remercie.

SCAPIN.

Il n'y a pas de quoi. Bonsoir, mon ami; n'oublie pas la porte jaune.

ARLEQUIN.

Oh! je la trouverai bien. (*Il sort.*)

SCÈNE III.

SCAPIN, *seul.*

Si nous n'avions pas le soin d'y mettre ordre, il n'y aurait que ces imbéciles-là d'heureux. On a bien raison de dire que la fortune n'est que pour les bêtes : j'ai mis cent fois à la loterie, jamais je n'ai pu attraper un lot; voici le premier. De quel bureau est-il? (*Il déplie le billet.*) Ah ciel! je me suis trompé : il faut être bien malheureux! Comment! je ne peux pas gagner à la loterie, même en volant les billets qui ont gagné! celui-ci n'est plus qu'une lettre. (*Il lit.*) « Sois tranquille, mon « bon ami, ton rival ne doit te donner aucune « inquiétude. Je t'aime; mon cœur est à toi « pour toujours; tu auras ma main quand tu

« voudras. » Voilà qui est clair : ce billet est d'Argentine. Ah ! il aura sa main quand il voudra ! Cela n'est pas si sûr : je vais tirer parti de ma gaucherie ; et, puisque j'ai manqué le billet de loterie, je ferai valoir celui-ci. (*Il frappe à la porte d'Argentine.*) Mademoiselle Argentine.

SCÈNE IV.

ARGENTINE, SCAPIN.

ARGENTINE.

Ah ! c'est vous, M. Scapin !

SCAPIN.

Oui, mademoiselle, toujours le même....

ARGENTINE.

Tant pis pour vous.

SCAPIN.

Toujours malheureux, et ne vous en adorant pas moins.

ARGENTINE.

Vous êtes bien bon, car je ne vous en aime pas davantage.

SCAPIN.

Je ne le sais que trop, mademoiselle ; et j'en suis d'autant plus affligé, que ce sort-là n'est pas commun à tous vos amans. Il en est un que votre cœur a choisi, à qui vous écrivez des lettres bien tendres.

ARGENTINE.

Comment! que voulez-vous dire? M. Scapin, vous avez grand tort de sortir de votre personnage ordinaire; il vaut encore mieux être ennuyeux qu'impertinent.

SCAPIN.

Pardon, mademoiselle; je voulais vous parler d'une certaine lettre qui court le monde, et que les méchans prétendent que vous avez écrite à M. Arlequin. Je l'ai cette lettre; je vous la rapportais : mais je me garderai bien de rien dire, puisque ce serait manquer au respect que je vous dois.

ARGENTINE.

Vous me la rapportez! Ah! mon cher Scapin, expliquez-vous, je vous supplie : s'il est vrai que vous m'aimez, vous jugez bien....

SCAPIN.

Sûrement, je vous aime, et j'espère qu'aujourd'hui vous reconnaitrez vos injustices à mon égard. Vous connaissez mademoiselle Violette, qui demeure ici près? M. Arlequin en est amoureux; et pour lui donner une preuve certaine de son attachement, il lui a sacrifié un billet qu'il a dit être de vous. Le voici.

SCÈNE IV.

ARGENTINE.

Ah ciel !

SCAPIN.

Mademoiselle Violette, qui ne vous aime pas, parce qu'elle n'est pas aussi jolie que vous, n'a rien eu de plus pressé que de confier ce billet à tous ses amis. Ce matin, en traversant le Palais-Royal, j'ai entendu des éclats de rire, et j'ai vu du monde attroupé ; c'étaient M. Mezzetin, M. Trivelin, M. Pascariel, qui se passaient votre billet. L'un faisait une épigramme, l'autre disait un bon mot. J'avoue que je n'ai pas été le maître de ma colère ; vous me le pardonnerez bien : je m'en suis pris à tous les trois, surtout à Trivelin, qui était le possesseur du billet ; je l'ai menacé, il a eu peur, il me l'a rendu. Je vous le rapportais ; et, pour prix de mon zèle, vous savez la manière dont vous m'avez reçu.

ARGENTINE.

Je n'ose vous faire mes excuses, ni vous remercier : j'ai trop à rougir de ce que je vous dois et de ce que j'ai fait pour un autre.

SCAPIN.

Mademoiselle, le bonheur de ma vie aurait été de devoir votre cœur à vous-même, et non pas au désir de vous venger : mais je suis trop amoureux pour être si délicat ; et je serai encore le plus heureux des hommes si la perfidie d'Arlequin...

ARGENTINE.

Ah! ne me parlez pas de lui; son nom seul me met en fureur. Si vous saviez jusqu'à quel point il a poussé la fausseté..... Non, il n'est pas possible de l'imaginer. Et moi, qui croyais si bien le connaître.... Jamais je ne me le pardonnerai, et je m'en souviendrai toujours pour le haïr davantage.

SCAPIN.

Contenez-vous, car je l'entends.

ARGENTINE.

Je ne veux pas le voir.

SCAPIN.

Au contraire, restez pour le bien humilier et le punir comme il le mérite.

ARGENTINE.

Jamais je n'y parviendrai.

SCÈNE V.

ARGENTINE, ARLEQUIN, SCAPIN.

ARLEQUIN, *sans voir Argentine.*

LE diable t'emporte avec ta porte jaune! J'ai frappé à toutes les portes jaunes et à toutes les portes à droite, jamais je n'ai pu trouver un directeur. Viens me conduire toi-même....

SCÈNE V.

(Il aperçoit Argentine.) Ah! vous voilà! Que j'en suis bien aise! je suis déjà venu vous chercher; en m'en allant je vous cherchais encore; partout je vous cherche toujours. J'ai tant de choses à vous dire! mais, quand je vous vois, je ne m'en souviens plus; quand je suis loin de vous, elles reviennent si vite, que cela m'étouffe; je crois que je n'aurai qu'un moyen de m'en souvenir, c'est de vous regarder les yeux fermés; car autrement il m'est impossible de penser à autre chose qu'à vous voir. *(Argentine ne répond rien. Arlequin, après un long silence, se retourne vers Scapin :)* Va-t'en, toi; tu nous gênes.

ARGENTINE.

Non, il peut rester, il ne me gênera pas.

SCAPIN.

Après la manière dont mademoiselle s'est expliquée sur ton compte, après les assurances par écrit qu'elle t'a données de sa tendresse, il me semble que rien ne doit te gêner.

ARLEQUIN, *bas à Argentine.*

Vous lui avez donc tout conté?.... Hé!.... vous lui avez tout dit?.. *(Scapin rit.)* Il a l'air de se douter de quelque chose. Monsieur Scapin, expliquons-nous, je vous en prie : vous aimez mademoiselle Argentine, n'est-il pas vrai?

SCAPIN.

Sans doute, je l'aime, elle le sait bien.

ARLEQUIN.

Eh bien! moi, je l'aime aussi; et je n'aime pas qu'on l'aime. Ainsi; puisque nous voilà devant elle, elle va nous dire quel est celui de nous deux qui lui a le plus plu, à condition que l'autre se retirera sans bruit, et ne traversera plus l'heureux qu'elle aura choisi : y consentez-vous, monsieur Scapin?

SCAPIN.

Touchez là, monsieur Arlequin. Souvenez-vous de ce que vous dites : mademoiselle va choisir, et celui qu'elle refusera n'aura plus la moindre prétention.

ARLEQUIN.

De tout mon cœur.... *(Il rit.)* Oh qu'il est bête!

SCAPIN.

Allons, mademoiselle, vous venez d'entendre nos conventions; c'est à vous à nous juger.

ARLEQUIN.

Oui, c'est à vous à nous juger. *(A part.)* Oh la bestiasse!

ARGENTINE, *à part.*

Je serai malheureuse; mais je veux me venger.

SCÈNE V.

SCAPIN.

Hé bien, mademoiselle ?

ARGENTINE.

Hé bien, je vais m'expliquer. Mon choix est fait depuis long-temps; je l'ai même écrit à celui que j'ai choisi : celui de vous deux qui a un billet de moi n'a qu'à me le montrer, je lui donne ma main.

ARLEQUIN.

C'est clair, cela. (*Scapin fouille dans sa poche.*) Oui, cherche, cherche, tu le trouveras.... Le voici, ce billet, (*il tire le billet de loterie*) le voici : ainsi, monsieur Scapin, adieu, on n'aura plus l'honneur de vous revoir.

ARGENTINE, *vivement.*

Voyons... C'est un billet de loterie.

ARLEQUIN.

Ah! oui. Vous ne savez pas, le bonheur m'a écrasé aujourd'hui; j'ai gagné.... Mais où ai-je donc mis mon autre billet? Celui-là n'est pas le meilleur. L'aurais-je perdu ?

SCAPIN.

C'est peut-être moi qui l'ai trouvé. Tenez, mademoiselle, voilà un billet que je crois de vous.

ARGENTINE *lit.*

« Sois tranquille, mon bon ami. »

ARLEQUIN.

Ah! c'est le mien qu'on m'a volé.

ARGENTINE.

Qu'on t'a volé! Tu crois donc m'abuser jusqu'au dernier moment? Non, traître, je te connais. Va chez Violette, va lui porter mes lettres, lui dire que tu me sacrifies à elle; et reviens ensuite me jurer que tu m'adores : ose y revenir, me parler, me regarder seulement. Traître, scélérat, tu m'as trompée; mais tu ne m'abuseras plus, et ma vengeance ne s'en tiendra pas là. Et vous, Scapin, gardez ce billet; j'ai promis ma main à celui qui en serait possesseur, je tiendrai ma parole, vous pouvez y compter.

(Elle sort.)

SCÈNE VI.

ARLEQUIN, SCAPIN.

(Ils se regardent sans rien dire.)

ARLEQUIN.

Que veut dire tout ceci? D'où vient que je n'ai pas mon billet; que tu l'as toi, et qu'à propos de rien Argentine me traite comme cela?

SCAPIN.

Je n'en sais rien, mon ami. Argentine m'a

SCÈNE VI.

donné elle-même ce billet, en me disant que c'était moi qu'elle voulait épouser.

ARLEQUIN.

Mais ce billet est à moi; je le reconnais bien : il est presque tout effacé, tant nous nous étions embrassés. Comment Argentine a-t-elle pu l'avoir? Elle m'a fait entendre que j'aimais Violette, moi qui n'ai jamais rien aimé dans le monde qu'Argentine? Suis-je assez malheureux! Ah! je le disais bien ce matin, que j'étais trop heureux; cela ne pouvait pas durer. Tu vas donc l'épouser, toi?

SCAPIN.

Mais oui, puisqu'elle le veut.

ARLEQUIN.

Tiens, je te conseille de t'en aller; car je pourrais fort bien te rosser de manière à retarder ton mariage. Tout ceci n'est peut-être qu'une friponnerie de ta part : je l'avais dans ma poche, ce billet; et tu me l'auras volé.

SCAPIN.

Ah! mon ami, que tu me connais mal! Tu avais dans la même poche un billet de loterie qui vaut dix mille écus; assurément, si j'avais pu te voler, tu sens bien que je l'aurais pris de préférence.

ARLEQUIN.

Plût à Dieu qu'on me l'eût pris, et qu'on

m'eût laissé ma lettre! Que deviendrai-je à présent? Elle ne m'aime plus, elle va en épouser un autre. (*Il pleure.*) Ah! Ah! je vais être tout seul dans le monde. Allons, il faut tâcher de mourir avant que le mariage soit fait. (*Il pleure.*)

SCAPIN.

Tu me fais pitié, mon ami; et mon attachement pour toi l'emporte sur mon amour. Écoute : Argentine a promis d'épouser celui qui lui rapporterait son billet : je l'ai, ce billet; je te le donnerai, si tu veux me donner celui de la loterie.

ARLEQUIN.

Donne, donne vite; tiens, le voilà : de ma vie je n'ai fait une si bonne affaire.

SCAPIN.

Ni moi non plus.

(*Ils changent de billet.*)

ARLEQUIN, *s'adressant à celui d'Argentine.*

Ah! vous voilà donc, monsieur! et pourquoi m'avez-vous quitté? Petit ingrat, petit étourdi, parlez, irez-vous encore courir le monde? Irez-vous encore vous mettre prisonnier chez les Arabes afin que je paie votre rançon? Ne vous en avisez plus, car je n'ai plus rien. Allons je veux bien vous pardonner vos fredaines ; embrassons-nous, (*il le baise*) et que tout soit fini.

SCAPIN.

Ah çà, le billet est à moi ?

ARLEQUIN.

Eh ! sans doute : c'est dit, cela. Je t'ai donné un billet au porteur, tu m'as donné un billet au porteur ; je souhaite seulement que le mien soit payé aussi aisément que le tien. Mais j'ai peur que ce drôle-là ne décampe encore, je vais le reporter à sa maîtresse. Va-t'en, je t'en prie, car je voudrais lui parler seul.

SCAPIN.

Oh ! cela est juste. Adieu mon ami : en vérité, je suis charmé de t'avoir fait plaisir. Voilà comme je suis, moi, j'ai le cœur tendre ; jamais je n'ai pu résister à des larmes.

ARLEQUIN.

Va, va te faire payer ; ton cœur est à cette porte jaune où l'on donne de l'argent.

SCAPIN, *à part*.

Cachons-nous au coin de la rue pour voir comment il sera reçu.

SCÈNE VII.

ARLEQUIN, ARGENTINE, SCAPIN, *caché.*

ARLEQUIN *frappe.*

Qui est là ?

ARGENTINE, *à la fenêtre.*

Comment ! c'est vous ! Vous osez encore regarder ma maison ! Vous espérez peut-être y entrer ? Vous croyez....

ARLEQUIN.

Non, je ne demande pas d'entrer, vous êtes trop en colère ; je ne veux vous dire que quatre mots : donnez-vous la peine de descendre, et....

ARGENTINE.

Je ne veux rien entendre : laissez-moi en repos, et délivrez-moi de votre odieux visage. (*Elle ferme la fenêtre.*

SCAPIN, *à part.*

Bon ; je vais me faire payer, et je reviens trouver Argentine : j'espère bien l'épouser et avoir les dix mille écus.

SCÈNE VIII.

ARLEQUIN, seul.

Je suis bien malheureux! je ne pourrai seulement pas lui montrer mon billet! Si je perds ce moment-ci, tout est perdu ; car ce coquin de Scapin va revenir, et il sera toujours ici. Allons, du courage ; je sens que j'étouffe, que je crève de chagrin : mais il faut remettre ma mort à ce soir. Voyons encore... (*Il frappe.*) — Qui est là ?

SCÈNE IX.

ARLEQUIN, ARGENTINE, *à la fenêtre.*

ARGENTINE.

Encore vous !

ARLEQUIN.

Ne vous fâchez pas : je ne demande plus de causer avec vous, puisque vous ne le voulez pas ; mais je vous prie seulement de reprendre votre billet.

ARGENTINE.

Mon billet ! Comment ! c'est vous qui l'avez ? Mais ce malheureux billet court le monde ! Attendez, je descends.

ARLEQUIN.

Ah! je commence à reprendre un peu d'espoir. Je n'ai rien à me reprocher; je l'aime, je l'ai toujours aimée, elle m'a aimé : quand on consent à écouter quelqu'un qu'on a aimé et qui nous aime, c'est qu'on a envie de le croire... La voilà.

ARGENTINE.

Souvenez-vous que je ne veux point d'explication sur le passé. Dites-moi seulement comment il se fait que vous ayez mon billet.

ARLEQUIN.

Tenez, le voilà : il est bien à moi, il fait toute mon espérance et tout mon bonheur : mais, comme le bonheur ne vaut rien quand on est heureux sans votre permission, je vous le rendrai, si vous ne consentez pas que je le garde.

ARGENTINE.

Non, assurément, je n'y consentirai pas. (*Elle prend le billet.*) Vous en avez usé d'une manière si indigne! aller sacrifier mon billet à une autre femme!

ARLEQUIN.

Une autre femme? Ah! mon cœur m'est témoin qu'il n'y a pour moi qu'une femme dans le monde! et quand je prends mon cœur

SCÈNE IX.

à témoin, c'est tout comme si je vous prenais vous-même.

ARGENTINE.

Mais enfin, hier je vous envoyai ce billet, et aujourd'hui Scapin me l'a rapporté.

ARLEQUIN.

Scapin vous l'a rapporté ? Voyez le coquin ! il m'a dit que c'était vous qui le lui aviez donné. Je suis sûr à présent qu'il me l'a volé.

ARGENTINE, *à part*.

Scapin en est bien capable. Ah ! que je voudrais qu'il dît vrai !

ARLEQUIN.

Mais songez donc qu'il y a deux ans que je vous aime ; que vous m'avez toujours vu le même. Croyez-vous que j'aurais pu me déguiser si long-temps ? Ma bonne amie..... (*Argentine le regarde sévèrement.*) Mademoiselle, pardonnez-moi d'avoir été volé.

ARGENTINE.

Mais comment se fait-il que vous avez ce billet ? Qui vous l'a donné ?

ARLEQUIN.

La loterie.

ARGENTINE.

La loterie ! Est-ce que l'on a mis mon billet à la loterie ? Scapin l'avait tout à l'heure ; il vous l'a donc rendu ?

ARLEQUIN.

Non pas rendu, mais vendu.

ARGENTINE.

Expliquez-vous.

ARLEQUIN.

Tenez, il faut tout vous dire : j'avais gagné ce matin un terne de six francs à la loterie....

ARGENTINE.

Un terne de six francs! cela fait une somme prodigieuse.

ARLEQUIN.

Oui, ils disent que cela fait beaucoup d'argent. Heureusement je n'étais pas encore payé. Scapin, voyant que je me désolais, m'a proposé de troquer mon billet de loterie contre votre billet.

ARGENTINE, *vivement.*

Et tu l'as fait ?

ARLEQUIN.

J'aurais encore donné du retour, s'il m'en avait demandé.

ARGENTINE *l'embrasse.*

Mon cher ami, va, tu es innocent ; je t'aimerai toute ma vie ; ce dernier trait me fait sentir ce que tu vaux.

SCÈNE IX.

ARLEQUIN.

Comment diable ! vous estimez donc bien les gens qui font de bons marchés ?

ARGENTINE.

Je te demande pardon de ne pas t'avoir connu : garde mon billet ; je te répète, je te jure que je t'aime, que je n'aimerai jamais que toi, et dès ce soir nous serons époux.

ARLEQUIN.

Vous me raimez ! Ah, quelle joie ! (*Il lui baise la main.*) Tiens, ma bonne amie, ne me le répète plus, il m'arriverait encore quelque malheur. Laisse-moi te regarder, je le verrai bien sans que tu me le dises.

ARGENTINE.

Va, ton bonheur est certain, du moins tant que mon cœur te suffira.

ARLEQUIN.

Ah ! comme il y a long-temps que tu n'as parlé comme cela ! Écoute, fais-moi le plaisir de me dire comment il y a là. (*Il lui montre la lettre.*)

ARGENTINE *lit.*

« Je t'aime. »

ARLEQUIN. (*lazzi.*)

Hé ! comment dis-tu ?

ARGENTINE.

« Je t'aime. »

ARLEQUIN.

Voyons que je lise aussi, moi. J e je (*Il épelle.*) t a ta, i m e, aime, t'aime, je t'aime, je t'aime.... Ce mot-là est trop court, je voudrais qu'il tînt tout l'alphabet.

ARGENTINE.

Je te le dirai toute ma vie. Mais laisse-moi m'occuper de te faire rendre le billet qu'il t'a volé.

ARLEQUIN.

Quoi ? quel billet ?

ARGENTINE.

Ton billet de loterie.

ARLEQUIN.

Oh ! non, ma bonne amie, le marché est fait ; tiens, n'en parlons plus : il voudrait peut-être revenir là-dessus, et ravoir celui-ci. Non, non, tout est fini : tu m'aimes..... ma fortune est faite.

ARGENTINE.

St..... j'entends Scapin. Cache-toi dans notre maison, et n'en sors que lorsque je t'appellerai.

ARLEQUIN, *entrant dans la maison.*

Appelle-moi donc bien vite.

ARGENTINE.

Oui, oui, laisse-moi faire.

ARLEQUIN, *revenant.*

M'as-tu appelé ?

ARGENTINE.

Eh ! non, mon ami ; cache-toi donc, le voici : le fripon tient encore le billet.

SCÈNE X.
ARGENTINE, SCAPIN.

SCAPIN, *à part, le billet à la main.*

Ces diables de directeurs vous renvoient toujours au lendemain...... (*Il aperçoit Argentine, et met le billet dans sa poche.*) Ah, j'allais chez vous, ma belle Argentine.

ARGENTINE.

Je suis aussi bien aise de vous rencontrer. Vous ne savez pas ce qui s'est passé pendant votre absence.

SCAPIN.

Non ; qu'est-il arrivé ?

ARGENTINE.

Ce malheureux Arlequin a eu l'insolence de se présenter chez moi ; je l'ai reçu de manière à lui ôter l'envie de revenir.

SCAPIN, *riant.*

J'ai vu tout cela, mademoiselle : j'étais au coin de la rue lorsque vous avez fermé votre fenêtre sans vouloir l'entendre. Mais parlons de quelque chose qui m'intéresse davantage :

vous savez bien la promesse que vous m'avez faite tantôt.

ARGENTINE, *à part.*

Bon ! (*Haut.*) Oui, je vous tiendrai parole ; mais je suis bien aise de m'expliquer auparavant avec vous. Je prends un époux pour être aimée ; ainsi, mon cher Scapin, si vos sentimens pour moi sont bien sincères, j'espère que vous ferez mon bonheur. Grâce aux bontés de ma jeune maîtresse, mademoiselle Rosalba, je suis riche, et je n'exige pas que mon époux le soit ; je veux lui donner mon cœur et tout mon bien, et je ne lui demande que son amour. Dites-moi donc bien franchement si vous m'aimez, et si vous m'aimez uniquement.

SCAPIN.

Ah ! mademoiselle, je voudrais savoir tous les sermens possibles pour vous jurer que toute ma vie....

ARGENTINE.

Écoutez. Je suis méfiante : en venant ici vous aviez un papier à la main que vous avez caché avec soin ; je suis sûre que c'est une lettre de femme.

SCAPIN.

Une lettre de femme ! moi ! Je peux vous répondre....

SCENE X.

ARGENTINE.

Je veux que vous me la donniez, je l'exige; autrement, il faut renoncer à moi. Mademoiselle Violette a bien trouvé un amant qui lui sacrifiait mes billets ; je veux être aussi heureuse que mademoiselle Violette.

SCAPIN.

Il me sera difficile de vous satisfaire ; car, dans tout le cours de ma vie, jamais femme ne m'a écrit.

ARGENTINE.

Ceci est un détour pour ne pas me montrer le papier que vous teniez à la main ; et votre refus me confirme ce que je pensais.

SCAPIN.

Assurément je voudrais que vous missiez mon amour à des épreuves plus difficiles. Vous allez être bien étonnée quand vous verrez que ce n'est qu'un billet de loterie. (*Argentine s'en saisit.*)

ARGENTINE.

Je le tiens donc, et j'ai trompé le plus fourbe des hommes ! Arlequin ! Arlequin !

SCÈNE XI.

ARLEQUIN, ARGENTINE, SCAPIN.

ARLEQUIN.

Quoi ? Qu'y a-t-il ? Nous a-t-il volé quelque chose ?

ARGENTINE.

Non, mon ami ; j'ai au contraire rattrapé ton billet. Le voilà : tu es à présent le plus riche de nous deux, et c'est moi dont tu fais la fortune. Et vous, monsieur Scapin, qui me croyez votre dupe, et qui êtes la mienne, je vous exhorte à faire toujours d'aussi bons marchés que celui que vous aviez fait. Mais il faut apprendre à mieux conserver le fruit de votre habileté. Adieu : nous allons nous marier, et jouir de nos richesses.

ARLEQUIN.

Ce pauvre diable ! il me fait pitié. Écoute, Scapin, madame a besoin d'un laquais ; si tu veux, nous te donnerons la préférence.

ARGENTINE.

Ah ! pour cela non : il n'est pas assez fidèle. Adieu, monsieur Scapin. Monsieur Pandolfe, le père de ma maîtresse, retourne à Bergame dans peu de jours ; Arlequin et moi nous l'y suivrons. Si vous avez quelque commission à nous donner pour ce pays-là, nous nous en chargerons volontiers : mais, si vous voulez réussir dans celui-ci, souvenez-vous bien qu'il ne faut jamais brouiller deux amans, parce qu'ils se raccommodent toujours aux dépens de celui qui les a brouillés.

(*Ils sortent.*)

SCÈNE XII.

SCAPIN, *seul.*

Ce qui me console, c'est que je n'ai rien risqué du mien, et je pouvais beaucoup gagner.

FIN DES DEUX BILLETS.

LE BON MÉNAGE,

ou

LA SUITE DES DEUX BILLETS,

COMÉDIE

EN UN ACTE ET EN PROSE;

Représentée devant Leurs Majestés par les Comédiens Français et Italiens ordinaires du Roi, le samedi 28 décembre 1782.

A LA REINE.

Madame,

Le titre de cette bagatelle peut seul excuser la hardiesse de l'offrir à Votre Majesté. Celle qui a porté sur le trône les vertus douces et simples qui font la consolation du pauvre doit sourire à la faible esquisse que j'en ai tracée. *Le bon Ménage* appartient à Votre Majesté, par la même raison qu'elle possède le cœur du roi et ceux de tous ses sujets.

Je suis avec un profond respect,

Madame,

De Votre Majesté,

Le très humble et très obéissant serviteur et sujet,

FLORIAN.

PERSONNAGES.

ARLEQUIN, bourgeois de Bergame.

ARGENTINE, femme d'Arlequin.

DEUX ENFANS d'Arlequin et d'Argentine, de l'âge de six à sept ans;

L'AÎNÉ.

LE CADET.

ROSALBA.

MEZZETIN.

La scène est à Bergame, dans la maison d'Arlequin.

LE BON MÉNAGE,
COMÉDIE.

Le théâtre représente une chambre meublée très simplement, où l'on voit les portraits d'Arlequin et d'Argentine. Argentine, assise, festonne : ses deux enfans, sur des tabourets, sont à ses côtés : l'un feuillete un livre pour en voir les estampes ; l'autre joue avec un jeu de cartes.

SCÈNE I.
ARGENTINE, SES DEUX ENFANS.

LE CADET, *montrant à sa mère un château de cartes.*

MAMAN, regardez donc.

ARGENTINE.

Cela est fort joli, mon ami.

L'AÎNÉ.

Voyons. (*Il souffle dessus, et le renverse; puis il rit.*) Ah, ah, ah.

LE CADET.

Maman, dites donc à mon frère de me laisser tranquille : il faut que je recommence tout.

ARGENTINE.

Pourquoi tourmenter votre frère ? Vous ne voulez pas qu'il s'amuse ?

L'AÎNÉ.

Bah ! c'est un enfant ; il s'amuse à des bêtises.

ARGENTINE.

Effectivement, vous avez un an de plus que lui, et vous êtes un habile garçon !

L'AÎNÉ.

Je m'instruis, moi ; je regarde des images. Quelle est celle-là, maman, où une femme présente à un aveugle un petit monsieur habillé comme un chevreau ?

ARGENTINE.

C'est une mère qui se sert d'une ruse pour faire donner l'héritage à son fils cadet, parce qu'il était plus doux et plus aimable que l'aîné.

LE CADET, *voulant voir l'estampe*.

Ah ! voyons donc, mon frère : elle est bien jolie, cette image-là.

L'AÎNÉ, *tournant le feuillet*.

Non, elle n'est pas jolie.

LE CADET.

Maman, où est donc mon papa ?

ARGENTINE.

Il est sorti pour des affaires.

SCÈNE I.

LE CADET.

Je suis bien sûr qu'il nous rapportera des joujoux.

L'AÎNÉ.

Oui, pour moi.

LE CADET.

Pour moi aussi.

L'AÎNÉ.

Oh! savoir.

LE CADET.

Oh! c'est tout su.

L'AÎNÉ.

J'entends quelqu'un; c'est peut-être lui. (Ils courent et reviennent.) Nom, c'est mademoiselle Rosalba.

(Argentine se lève, et va au-devant d'elle.)

SCÈNE II.

ARGENTINE, ROSALBA, LES ENFANS.

ARGENTINE.

C'est vous, mademoiselle! vous avez la bonté....

ROSALBA.

Es-tu seule, ma chère amie?

ARGENTINE.

Oui, mon mari vient de sortir. Avez-vous quelque chose à me dire?

ROSALBA.

Assurément : fais retirer tes enfans, je t'en prie.

ARGENTINE.

Allez-vous-en tous deux dans l'autre chambre, et ne vous battez pas.

(Ils s'en vont.)

SCÈNE III.

ROSALBA, ARGENTINE.

ROSALBA.

Lelio est de retour; il est dans la ville.

ARGENTINE.

Comment le savez-vous?

ROSALBA.

Par la dernière lettre qu'il m'a écrite sous ton adresse, et que tu m'as remise hier; il m'annonce qu'il doit arriver aujourd'hui à Bergame : et je n'oserai le voir! Ah! ma chère Argentine, qu'il est affreux pour une femme sensible de ne pouvoir pas voler au-devant de son mari, après trois mois d'absence!

ARGENTINE.

Cela n'est que trop simple, lorsque l'on s'est mariée à l'insu de son père.

ROSALBA.

Ah! tu sais que c'est ma tante qui a tout

fait. Elle a connu le mérite de Lelio; elle a été touchée de notre amour. Après avoir fait inutilement tous les efforts possibles pour obtenir le consentement de mon père, elle a pris sur elle de m'unir secrètement au seul homme que je pouvais aimer.

ARGENTINE.

Je sais tout cela, mademoiselle : mais madame votre tante est morte, et monsieur votre père ignore toujours votre mariage : je suis la seule à présent chargée de ce grand secret, et je n'ose vous dire combien je suis fâchée d'être la seule. Ma chère maîtresse, je vous dois tout : élevée auprès de vous dans la maison de monsieur votre père, vous m'avez dotée, vous m'avez mariée à un époux qui fait le bonheur de ma vie, je tiens tout de vous seule, et je suis obligée de faire aveuglément tout ce que vous désirez : jusqu'à présent vous avez reçu, sous mon adresse, les lettres de M. Lelio; je n'ai jamais osé confier à mon mari que je vous rendais ce service : mais enfin.....

ROSALBA.

Garde-t'en bien, ma chère Argentine! Arlequin n'a point de raisons pour m'être attaché, il en a mille pour l'être à mon père : c'est mon père qu'il a servi; et son respect pour son ancien maître lui ferait trahir mon secret. D'ailleurs je connais ton mari ; aussi babillard qu'honnête homme, il n'imagine pas que l'on puisse cacher quelque chose. Tout serait perdu s'il était instruit. Je te supplie donc, ma chère Argentine, par la tendre amitié que j'ai toujours eue pour toi, de me jurer ici de nouveau que, quelque chose qui puisse arriver, tu ne révèleras jamais mon secret à ton mari.

ARGENTINE.

Je vous en donne ma parole, quoi qu'il m'en coûte pour vous la donner. Votre cœur doit comprendre aisément combien il est douloureux de cacher la moindre chose à un époux que l'on aime : c'est une espèce de mensonge qui fait rougir et souffrir. Je vous conjure, ma chère maîtresse, de faire cesser la peine et l'inquiétude où je suis. Vous ne doutez pas de mon zèle, vous connaissez ma tendresse pour vous...... passez-moi ce terme, on n'offense personne en l'aimant : vous êtes bien certaine que je ferai toujours tout ce qui pourra vous plaire; mais cela même vous oblige d'être prudente pour nous deux.

ROSALBA.

Je le serai, ma chère amie, et j'ai grand besoin de l'être : car enfin il faut t'avouer que

SCÈNE III.

je porte dans mon sein un gage de mon amour.

ARGENTINE.

Je n'ose m'en réjouir : mais, si tout le monde le savait, j'en pleurerais de joie.

ROSALBA.

Je te demande un dernier service. Lelio doit être arrivé ; je suis sûre que son impatience va lui faire tout hasarder pour me voir : va le trouver, va lui dire que je le supplie, que je lui ordonne de ne pas sortir de chez lui avant qu'il ait reçu de mes nouvelles. Cela est important pour le succès de mes projets. Tu lui diras que je souffre autant que lui de ne le pas voir ; que je l'aime plus que ma vie ; que....

ARGENTINE.

Oui, oui, mademoiselle ; avant de lui dire ce que vous voulez qu'il sache, je lui dirai tout ce qu'il sait. Je comprends cela à merveille ; dès que mon mari sera rentré, j'irai parler à M. Lelio.

ROSALBA.

J'ai encore une prière à te faire. Mon père est dans l'usage de me donner, pour en disposer à ma volonté, le vingtième de tous les profits un peu considérables qu'il fait dans son commerce. Il vient de gagner cent mille écus ;

et ce matin il m'a apporté quinze mille francs, dont je suis maîtresse absolue. Tu ne devines pas ce que j'en veux faire ?

ARGENTINE.

Non.

ROSALBA.

Si je ne te devais pas tant, je serais bien plus hardie à te les offrir.

ARGENTINE.

A moi ?

ROSALBA.

Oui, ma bonne amie : ajoute ce plaisir à tous ceux que je te dois : souffre que cette bagatelle soit mise en rente viagère sur ta tête : j'ai déjà donné des ordres à mon notaire, et je t'enverrai ce soir ton contrat.

ARGENTINE.

Ma chère maîtresse, je n'ose ni accepter ni refuser votre bienfait ; mais.....

ROSALBA.

Si tu me refuses, je ne veux plus de tes services.

ARGENTINE.

Écoutez. Je suis heureuse, je ne manque de rien, et j'ai déjà, grâce à vous, assuré le sort de mes enfans. Si mon mari venait à me perdre, il ne serait pas à son aise ; que ce soit lui qui profite de vos bienfaits : mon cœur et ma délicatesse y trouveront mieux leur compte.

ROSALBA.

A la bonne heure ; je vais dès ce moment tout arranger selon tes intentions. Adieu, ma chère Argentine : c'est aujourd'hui que j'ai reçu de toi la plus grande marque d'amitié.

SCÈNE IV.

ARGENTINE, seule.

Je donnerais ma vie pour la voir heureuse ; mais nous ne le serons jamais tant que son père ne saura pas tout... Mes enfans, revenez.
(Les deux enfans reviennent.)

SCÈNE V.

ARGENTINE, LES ENFANS.

ARGENTINE.

Avez-vous été bien sages ?

L'AÎNÉ.

Oh ! oui, maman ; car nous nous sommes bien ennuyés.

LE CADET.

Mon papa tarde aujourd'hui bien long-temps.

ARGENTINE.

Il va rentrer.

L'AÎNÉ.

Ah! pour le coup, maman, c'est lui; je l'entends.

SCÈNE VI.

ARLEQUIN, ARGENTINE, LES DEUX ENFANS.

(*Arlequin arrive avec un petit tambour d'enfant à la ceinture, sur lequel il bat d'une main; de l'autre il joue d'une petite trompette de bois. Il fait deux ou trois fois le tour du théâtre.*)

LES DEUX ENFANS, *courant après lui.*

Ah! papa, papa, c'est pour nous?

ARLEQUIN, *à sa femme.*

Veux-tu danser une contre-danse à quatre?

ARGENTINE.

Non, mon ami.

ARLEQUIN, *à son aîné.*

Tiens, le tambour est pour toi, la trompette pour ton frère.

LES DEUX ENFANS, *l'embrassant.*

Bien obligé, mon papa. (*Ils se retirent au fond du théâtre, où ils ont l'air de troquer leurs*

SCÈNE VI.

joujoux, tandis qu'Arlequin cause avec sa femme.)

ARLEQUIN, *à sa femme, en lui donnant un sac d'argent.*

Tiens, voilà pour toi : car il faut bien t'apporter aussi quelque chose ; tu es le plus grand enfant de la maison.

ARGENTINE.

Qu'est-ce que cela, mon ami ?

ARLEQUIN.

Ce sont ces cinquante écus que nous prêtâmes à ce pauvre homme que l'on allait arrêter pour ses dettes : il a travaillé pour gagner cet argent-là pendant le temps qu'il aurait passé en prison à ne rien faire ; de sorte qu'il est quitte avec nous, avec son créancier : nous avons fait une bonne action, et personne n'y a perdu que le geôlier.

ARGENTINE, *prenant le sac.*

A te dire vrai, je n'y comptais guère.

ARLEQUIN.

En ce cas-là, serre-les pour les prêter à un autre. J'ai encore été chez.... (*Les enfans font du bruit avec leur tambour.*) Taisez-vous donc, vous autres ; on ne s'entend pas. J'ai été chez ta cousine : elle se plaint de toi ; elle dit qu'on ne te voit jamais, que tu es toujours renfermée avec tes enfans ou ton mari ; que tu ne penses à rien dans le monde qu'à tes enfans et à ton mari : il faut convenir qu'elle a raison ; je suis juste moi.... (*Le bruit redouble.*) Mais voilà des enfans bien bruyans.

ARGENTINE.

Pardi! pour les faire jouer doucement, tu leur apportes un tambour et une trompette. (*Les enfans continuent.*)

ARLEQUIN, *aux enfans.*

Allez-vous-en battre la générale de l'autre côté.

(*Les enfans s'en vont.*)

SCÈNE VII.
ARLEQUIN, ARGENTINE.

ARGENTINE.

Vas-tu rester ici, mon ami?

ARLEQUIN.

Oui; pourquoi cela?

ARGENTINE.

C'est que je vais sortir.

ARLEQUIN.

Où vas-tu?

ARGENTINE.

Faire une commission pour mademoiselle Rosalba.

SCÈNE VII.

ARLEQUIN.

Qu'est-ce que c'est que cette commission ?

ARGENTINE.

Je ne peux pas te le dire, elle me l'a défendu.

ARLEQUIN.

Voilà, par exemple, un de tes avantages sur moi : tu sais garder un secret ; moi, je ne le sais pas. Aussi je te confie tous les miens, pour qu'ils soient en sûreté.

ARGENTINE.

Mon bon ami, tout ce que je pense t'appartient ; mais tu n'ignores pas les obligations que j'ai à mademoiselle Rosalba : c'est elle qui nous a mariés. Il me semble qu'après un tel bienfait je suis obligée de faire tout ce qu'elle exige, même de te cacher quelque chose.

ARLEQUIN.

Ah ! je me doute de ce que c'est. J'ai vu ce matin M. Pandolfe ; il m'a dit qu'il avait donné quinze mille livres à sa fille pour en faire ce qu'elle voudrait. Mademoiselle Rosalba a le meilleur cœur du monde ; et, quand on a un bon cœur et de l'argent mignon, on a toujours des petites choses à faire en cachette.

ARGENTINE, *à part.*

Hélas ! (*Haut.*) Mon ami, ne parlons plus

de cela, je t'en prie. Quand bien même tu devinerais, je serais obligée de te mentir; et tu ne voudrais pas que ma reconnaissance pour mademoiselle Rosalba me coûtât si cher.

ARLEQUIN.

Allons, va-t'en; je resterai avec les enfans. Les as-tu fait lire aujourd'hui?

ARGENTINE.

Oui.

ARLEQUIN.

C'est bon; je les ferai jouer, moi. Allons, va-t'en donc.

ARGENTINE.

Adieu, mon ami.

ARLEQUIN.

Allez-vous-en, madame, et reviens vite, au moins. Quand je cours la ville, je me passe de toi; mais je ne peux plus m'en passer dès que je ne cours plus, entends-tu? (*Il l'embrasse. Elle sort.*)

SCÈNE VIII.

ARLEQUIN, *seul.*

CETTE mademoiselle Rosalba lui donne souvent des commissions, et elle ne m'en donne jamais, à moi. Cependant elle sait bien avec quel plaisir je trotterais pour elle.... Ah!

c'est qu'elle aime mieux ma femme que moi : elle a raison, j'en fais bien autant... Oh! Arlequinet, venez-vous-en ici me tenir compagnie; mais laissez votre tambour.

SCÈNE IX.
ARLEQUIN, LES DEUX ENFANS.

ARLEQUIN.
Avez-vous bien lu, ce matin?

L'AÎNÉ.
Oh! oui, mon papa.

ARLEQUIN.
Votre maman a-t-elle été contente de vous?

LE CADET.
Elle a dit que oui, mon papa.

ARLEQUIN.
Vous ne l'avez pas fait enrager? elle ne vous a pas grondés ni l'un ni l'autre?

L'AÎNÉ.
Au contraire, mon papa, elle nous a bien baisés.

ARLEQUIN, *les embrassant avec tendresse.*

Cela étant, venez me baiser aussi. (*Arlequin, pendant tout ce couplet, a son visage tout près et au milieu de ses deux enfans; il les baise presque à chaque parole.*) Quand vous voudrez me rendre bien heureux, vous n'avez qu'à rendre votre mère bien contente. Elle en sait plus que nous trois, voyez-vous; ainsi nous ne devons être occupés que de faire tout ce qu'elle veut. Nous y trouverons son plaisir d'abord, et puis notre bien; c'est tout ce qu'il nous faut, n'est-il pas vrai?

L'AÎNÉ.

Oui, mon papa. Mais, puisque nous avons été bien sages, vous devriez bien nous conter quelqu'un de ces beaux contes que vous savez.

LE CADET.

Ah! oui, mon papa.

ARLEQUIN.

Volontiers : aussi-bien nous nous ennuyons quand elle nous laisse seuls; cela nous fera passer le temps. Allons, asseyons-nous. (*Il s'assied par terre, et fait asseoir un enfant sur chacune de ses jambes; les deux petits garçons écoutent attentivement.*) Il y avait une fois un roi et une reine qui s'aimaient beaucoup, et que tout le monde aimait.... Ceci n'est pas un conte, au moins.

LE CADET.

Oh! nous vous croyons bien, mon papa.

L'AÎNÉ.

Nous vous croyons comme si nous le voyions.

SCÈNE IX.

ARLEQUIN.

La reine était aussi belle que le roi était bon, mais ils n'avaient point d'enfans, et cela leur faisait du chagrin. Un jour que la reine était toute seule dans sa chambre, elle entendit du bruit dans la cheminée. (*Les enfans se serrent contre leur papa, qui retire aussi ses jambes, et continue avec la voix moins assurée.*) La reine eut un peu peur : elle regarde, et voit descendre un beau petit carrosse traîné par six petits épagneuls verts, avec les oreilles lilas. Dans le petit carrosse était une petite vieille fée qui n'avait pas un pied de haut, et qui dit à la reine : Madame la reine, vous aurez un enfant, si vous voulez consentir à devenir laide et vieille. Pourvu que mon mari m'aime toujours, répondit la reine, j'y consens de tout mon cœur. Je suis contente de vous, répondit la petite fée; non-seulement vous aurez un enfant, mais vous en aurez deux, et vous n'en serez que plus belle. Après cette parole, le six petits épagneuls verts remontèrent la cheminée ventre à terre, et la reine eut effectivement un beau petit prince et une belle petite princesse, qui furent charmans, parce qu'ils ressemblèrent à leur mère.

L'AÎNÉ.

Ah! mon papa, voilà une bien jolie histoire ; mais elle est bien courte : vous devriez nous en raconter une autre.

LE CADET.

Oh! oui, mon papa; encore une, s'il vous plait.

ARLEQUIN.

Un moment. Je vous ai donné, il n'y a pas long-temps, un petit livre tout rempli d'histoires : vous m'aviez promis d'en apprendre quelqu'une par cœur, m'avez-vous tenu parole ?

L'AÎNÉ.

Oui, mon papa : j'en ai appris une bien belle.

ARLEQUIN.

Je crois que tu mens, car tu rougis.

L'AÎNÉ.

Non, mon papa; et je vais vous la raconter si vous voulez.

ARLEQUIN.

A la bonne heure. Tant que vous serez des enfans, mon métier est de vous amuser; mais quand la vieillesse m'aura rendu enfant aussi, il faudra que vous m'amusiez à votre tour. Voilà pourquoi vous devez vous y accoutumer de bonne heure. Voyons cette histoire.

L'AÎNÉ.

Ecoutez bien, mon frère. Il y avait une fois deux petits garçons, jolis, jolis comme....

SCÈNE IX.

ARLEQUIN.

Comme vous deux.

L'AÎNÉ.

Encore plus jolis que nous.

ARLEQUIN.

C'est un peu fort.

L'AÎNÉ.

Ces deux petits garçons avaient une bonne mère, mais ils n'avaient pas un bon père, et ce n'était pas comme nous. (*Arlequin le baise.*) La mère de ces deux petits garçons était très-pauvre. Un jour qu'ils étaient allés ramasser du bois pour leur mère, ils trouvèrent une vieille femme qui était tombée dans un fossé, et qui ne pouvait pas s'en retirer. Sur le bord du fossé était une belle poule blanche qui cloquetait, cloquetait, comme pour demander du secours pour la vieille : les deux petits garçons se jettent dans le fossé, et en retirent la bonne femme. Aussitôt la poule blanche s'en va pondre dans les chapeaux des deux petits garçons un bel œuf d'or. La vieille, qui était une fée, leur dit : Mes enfans, pour vous récompenser de ce que vous venez de faire, ma poule vous a déjà donné un œuf d'or : mais moi, je veux vous donner ma poule, à une condition cependant; c'est que celui de vous deux qui l'aura ne pourra pas donner de ses œufs à l'autre. L'ainé lui répondit : Madame, je ne veux point d'un trésor que je ne peux pas partager avec mon frère. Le cadet dit : Ni moi non plus, madame. Mais il y a manière de nous arranger : donnez la poule à ma mère ; comme cela, nous l'aurons tous deux. Alors la bonne fée.....

(*L'on entend frapper.*)

LE CADET.

Mon papa, on frappe.

ARLEQUIN.

Je vais ouvrir. Allez dans votre chambre.

(*Les enfans s'en vont.*)

SCÈNE X.

ARLEQUIN, MEZZETIN.

MEZZETIN.

N'EST-CE pas ici, monsieur, que demeure une madame Argentine ?

ARLEQUIN.

Oui, monsieur.

MEZZETIN.

Est-elle chez elle, monsieur ?

ARLEQUIN.

Non, monsieur.

MEZZETIN.

Peut-on l'attendre, monsieur ?

SCÈNE X.

ARLEQUIN.

Non, monsieur.

MEZZETIN.

Vous êtes son domestique, monsieur?

ARLEQUIN.

Oui, monsieur, son premier domestique.

MEZZETIN.

Vous voudrez donc bien lui donner cette lettre de la part de M. Lelio, et vous prendrez le moment où elle sera seule. Vous entendez bien?

ARLEQUIN.

Non, monsieur.

MEZZETIN.

Je vous dis qu'il faut donner cette lettre à votre maîtresse le plus secrètement que vous pourrez, parce que, entre nous, je crois que c'est une lettre d'amour; et peut-être que madame Argentine a quelque père ou quelque frère..... Je n'en sais rien, moi; je ne suis à M. Lelio que depuis huit jours : mais vous, vous devez être au fait.

ARLEQUIN, *surpris.*

Au fait?

MEZZETIN.

Oui, sans doute. Vous m'entendez? Prenez donc des précautions pour... Enfin, vous me comprenez.

ARLEQUIN.

Je commencé à vous comprendre.

MEZZETIN.

Ah ça ! n'allez pas faire quelque étourderie : je vous ai tout confié, parce que vous savez bien qu'entre nous autres nous n'avons rien de caché, et que le secret de nos maîtres appartient toujours à toute la compagnie.

ARLEQUIN.

Sans doute.

MEZZETIN *s'en va et revient.*

Je pense à une chose : allons attendre au cabaret le retour de madame Argentine.

ARLEQUIN.

Je vous suis bien obligé ; je n'ai pas soif.

MEZZETIN.

Ce sera donc pour une autre fois. Adieu, mon camarade. *(Il s'en va.)*

ARLEQUIN *le rappelant.*

Écoutez donc, monsieur.

MEZZETIN.

Quoi ?

ARLEQUIN.

Êtes-vous marié ?

MEZZETIN.

Oui, depuis long-temps.

ARLEQUIN

Et votre femme est jolie ?

SCÈNE X.

MEZZETIN.

Très jolie. Pourquoi cela ?

ARLEQUIN.

Pour rien. (*Il le salue.*) Adieu, mon camarade.

(*Mezzetin sort.*)

SCÈNE XI.

ARLEQUIN, *seul.*

Ce domestique-là est sûrement menteur comme un laquais ; mais pourquoi M. Lelio écrit-il à ma femme ? Voilà bien l'adresse : A madame, madame Argentine. J'ai bien envie de la décacheter.... Non, ce serait manquer de respect à ma femme. D'ailleurs, si je n'y trouvais rien, je serais fâché de l'avoir décachetée ; et si j'y trouvais quelque chose, j'en serais encore plus fâché. Il n'y a que du chagrin à gagner. Cependant..... Non..... Il faut être plus que sûr avant de faire voir à sa femme qu'on la soupçonne. Attendons-la ; je lui donnerai cette lettre, et nous verrons ce qu'elle me dira.... Nous verrons.... La voici.

SCÈNE XII.

ARGENTINE, ARLEQUIN.

ARGENTINE.

Je n'ai pas été long-temps, mon bon ami ; du moins, j'ai fait ce que j'ai pu pour revenir tout de suite. Où sont nos enfans ?

ARLEQUIN.

Ils sont de l'autre côté.

ARGENTINE.

Comme tu es sérieux ! Que t'est-il arrivé ?

ARLEQUIN.

Je ne sais pas encore ce qui m'est arrivé.

ARGENTINE.

As-tu reçu de mauvaises nouvelles ? Est-il venu quelqu'un ?

ARLEQUIN.

Oui, il est venu un domestique qui m'a laissé une lettre pour vous.

ARGENTINE.

Pour moi ? Et que dit cette lettre ?

ARLEQUIN.

Je n'en sais rien : la voilà.

ARGENTINE, *regardant*.

Ah !....

ARLEQUIN.

Reconnaissez-vous l'écriture ?

SCÈNE XII.

ARGENTINE.

Oui.

ARLEQUIN.

De qui est-elle ?

ARGENTINE.

Elle est.... (*A part.*) Que lui dirai-je ?

ARLEQUIN.

Hé bien..... cela vous embarrasse ?

ARGENTINE.

Mon ami, me crois-tu capable de te tromper ?

ARLEQUIN.

Répondez-moi d'abord ; de qui est cette lettre ?

ARGENTINE.

Je la crois de M. Lelio.

ARLEQUIN.

Je le crois de même. Ouvrez-la. La main vous tremble.

(*Argentine ouvre la lettre, et la lit avec beaucoup d'émotion.*)

Hé bien ?

ARGENTINE *lui donne la lettre.*

Tenez, vous allez me croire coupable, vous aurez le droit de le penser ; et cependant le ciel m'est témoin que c'est la vertu la plus pure, le sentiment le plus honnête, qui m'empêche de me justifier.

ARLEQUIN.

Voyons. (*Il prend la lettre en tremblant.*) Cette lettre donne le frisson à tout le monde.. (*Il la lit d'une voix altérée, jetant de temps en temps des regards sur sa femme.*) « Ma chère « amie, j'arrive, et j'ai besoin de toute ma « raison pour ne pas voler dans tes bras. Si « je ne craignais que de me perdre, rien ne « me retiendrait; mais je pourrais te com- « promettre, et mon amour même est moins « fort que cette crainte. Il est si important « pour nous de tromper celui qui détruirait « notre bonheur! Le nom sacré qui l'attache « à toi suffit à peine pour modérer ma haine. « J'espère qu'un jour viendra, et ce jour n'est « pas loin, où nous pourrons nous livrer pu- « bliquement à notre amour, et dévoiler à « tous les yeux les liens qui nous attachent « l'un à l'autre. Adieu ; tâche de venir me « voir, si tu peux échapper aux yeux du bar- « bare qui te veille : j'attends. Tu sais si je « t'aime. LELIO. »

Et moi, je ne sais si je dors ou si je veille ; mais si je dors, je fais un vilain rêve ; et si je suis éveillé... Oh ! je le suis. (*Il relit l'adresse.*) A madame Argentine. (*Il se frotte les yeux.*) A madame Argentine. Tenez, madame.

SCÈNE XII.

ARGENTINE.

Mon ami.....
####### ARLEQUIN.

Je ne le suis plus, votre ami : vous m'avez trompé ; et c'est d'autant plus affreux, que je ne vivais que pour vous croire. Comment ! vous qui me parliez toujours de votre tendresse pour moi, vous qui étiez toujours pendue à mon bras ou à mon cou, vous faisiez semblant de m'aimer pour mieux me trahir ! vous m'embrassiez pour m'empêcher d'y voir clair ! Voilà ce qui m'indigne le plus ; car je ne parle pas de mariage, ce n'est rien cela auprès de l'amour.

####### ARGENTINE.

Hé bien !.... (*A part.*) Non, je serai fidèle à ma bienfaitrice... (*Haut.*) Je vous demande, je vous supplie de suspendre votre colère ; je me justifierai, soyez-en sûr, et vous serez alors....

####### ARLEQUIN, *avec colère.*

Comment vous serait-il possible de vous justifier ? Vous sortez sans vouloir me dire où vous allez ; un domestique apporte cette lettre ; il me recommande de vous la donner en secret.... Vous venez de l'entendre, cette lettre ; elle est claire ; il n'y a pas une seule phrase, pas un seul mot qui ne dise intelligiblement que vous êtes une infidèle. Elle est bien pour vous cette lettre ; voilà votre nom, le voilà ; je le vois, je le lis ; je n'ai pas le bonheur d'être aveugle. M. Lelio vous y donne un rendez-vous, où vous avez couru, même avant de le recevoir ; car vous venez de chez M. Lelio, j'en suis sûr, je le sais, je l'ai vu, je vous ai suivie. Osez m'assurer que vous ne venez pas de chez M. Lelio.

ARGENTINE.

Je ne veux pas vous mentir ; il est vrai que je viens de parler à M. Lelio : mais....

ARLEQUIN, *au désespoir.*

Et pourquoi me le dire ? je n'en étais pas sûr.

ARGENTINE.

Écoutez-moi.

ARLEQUIN, *furieux.*

Je ne veux rien entendre ; je veux m'en aller ; je veux vous quitter..... Mon parti est pris ; ma colère est passée. Je n'en ai plus de colère, parce que je n'ai plus d'amour ; je suis de sang-froid.... Mais, comme je me sens le plus fort désir de meurtrir ce visage-là, qui est la cause de tous mes chagrins, vous sentez bien qu'il faut que je m'en aille.... Vous sentez bien..... (*Argentine effrayée s'éloigne ; il la prend par le bras et la ramène fortement à lui.*) N'ayez pas peur, je sais me posséder.... Je ne suis plus votre mari, je suis votre ami, votre meilleur ami, et je vous parle comme un ami.... Je vous abhorre, je vous déteste, je vous méprise, je ne peux plus soutenir votre vue, je ne peux plus vous regarder sans me dire : Voilà une femme qui en aimait deux, et qui leur faisait croire qu'ils étaient un. Séparons-nous dès ce moment. Restez ici, gardez vos enfans; je ne pourrais jamais les embrasser sans vous pleurer; j'aime encore mieux renoncer à les embrasser. Gardez tout le bien; il vient de vous, il me serait odieux. Je n'ai besoin de rien, je ne veux rien, je n'emporterai rien que mon cœur; et comme, si je vous parlais plus long-temps, je vous le laisserais peut-être, je vous quitte pour jamais.

ARGENTINE *court après.*

Mon ami....

ARLEQUIN, *la repoussant.*

Laissez-moi; je ne vous crois plus.

SCÈNE XIII.

ARGENTINE, *seule.*

MALHEUREUSE! Que devenir? que faire? Il me croit coupable; et je ne puis.... Courons nous jeter aux pieds de mademoiselle Rosalba; elle aura pitié des maux qu'elle me cause; elle ira me justifier elle-même aux yeux de mon mari; c'est à elle.... Mais la voici.

SCÈNE XIV.
ARGENTINE, ROSALBA.

ARGENTINE.

MADEMOISELLE....

ROSALBA.

Je viens de rencontrer ton mari.

ARGENTINE.

Où allait-il?

ROSALBA.

Chez mon père. Je lui ai donné moi-même ce petit contrat que j'ai fait faire pour lui, selon tes intentions; mais à peine m'a-t-il regardée : il a pris le papier d'un air égaré, et a poursuivi son chemin sans me parler. Hé quoi !...... tu pleures, ma chère Argentine! Qu'est-il donc arrivé? réponds-moi vite.

ARGENTINE.

Le plus affreux des malheurs. M. Lelio vous a écrit, comme à l'ordinaire, sous mon adresse. Mon mari a reçu la lettre; il me croit coupable; il m'abandonne : et je n'ai pas trahi votre secret.

ROSALBA.

O ciel! que me dis-tu? Arlequin va chez

SCÈNE XIV.

mon père; je le connais, il lui dira tout; et mon père sera plus irrité que jamais contre Lelio. Peut-être même soupçonnera-t-il la vérité, et rien alors ne pourra le fléchir..... Ma chère amie, pardon; pardon, mille fois, mon amie. Je ressens toute ta douleur; et je me perdrai, s'il le faut, afin de te justifier : mais je te supplie, je te conjure d'attendre ici que je revienne te parler.

(*Elle sort précipitamment.*)

SCÈNE XV.

ARGENTINE, *seule*.

Er lui.... reviendra-t-il?.... irai-je le chercher?.... Il reviendra, j'en suis sûre; mon cœur me le dit, et mon cœur ne m'a jamais trompée toutes les fois qu'il m'a parlé de lui.... Attendons.... Je suis au supplice.... Mes enfans, revenez; mes pauvres enfans, venez embrasser et consoler votre mère.

(*Les deux enfans reviennent.*)

SCÈNE XVI.

ARGENTINE, LES DEUX ENFANS.

LE CADET.

Ah! maman, qu'avez-vous donc? Vous pleurez comme quand j'ai été malade.

L'AÎNÉ.

Ma chère maman, avez-vous du chagrin ?

ARGENTINE, *pleurant.*

Non, mes enfans; non, mes bons enfans : ce n'est rien; cela se passera.

L'AÎNÉ.

Nous avons entendu mon papa qui grondait bien fort. Est-ce lui qui vous fait pleurer comme cela ?

(*Ici Arlequin entre, et Argentine continue sans le voir.*)

SCÈNE XVII.

ARLEQUIN, ARGENTINE, LES DEUX ENFANS.

ARGENTINE.

Vous savez bien que jamais aucun chagrin ne peut me venir par votre papa : au contraire, c'est toujours lui qui les dissipe.

LE CADET.

Ah! le voilà. (*Il court à lui.*) Venez donc vite, mon papa; maman pleure, et elle dit que vous seul pouvez la consoler.

ARLEQUIN, *les repoussant tout doucement.*

Laissez-moi, laissez-moi.

SCÈNE XVII.

L'AÎNÉ.

Ah! mon frère, comme il a du chagrin.
Ils se retirent tous deux au fond du théâtre, et y restent pendant toute la scène d'Arlequin et de sa femme.)

ARLEQUIN.

Madame, vous êtes fâchée de me revoir; je le suis plus que vous : mais, comme j'ai le projet de vous oublier entièrement, je viens vous rendre tout ce qui pourrait me rappeler que nous nous sommes aimés. (*Il déboutonne son habit, et ouvre un petit sac qui lui pend au cou.*) Tout est dans ce petit sac; je l'avais mis là, (*il montre son cœur*) pour que tout ce que nous nous étions donné fût ensemble. Je vais vider le sac devant vous, afin que vous n'imaginiez pas que je garde quelque chose. (*Il tire un portrait.*) Voici d'abord votre portrait : il n'a pas changé comme vous, il est toujours joli : il vous ressemblait encore ce matin; mais il ne vous ressemble plus. Le voilà, madame. (*Il le pose sur une table, et tire un papier plié.*) Voici le premier billet que vous m'avez écrit, que Scapin me vola, et que j'eus le bonheur de rattraper. Le voilà, madame je vous le rends; je n'aime pas à vivre avec les menteurs. (*Il tire un bouquet flétri.*) Voici encore un vieux bouquet de violettes que je vous donnai le premier jour où je vous fis ma déclaration. Après l'avoir porté toute la journée, vous le jetâtes le soir ; j'allai le ramasser... Tenez, il sent encore bon... Je n'aurais jamais cru que ces violettes-là dureraient plus que votre amour. Les voilà, madame. (*Il lui montre le sac.*) Il n'y a plus rien ; regardez. Ce petit sac, qui avait été des années à se remplir, s'est vidé dans une minute. J'ai tout rendu. Ah! j'oubliais ce qui doit vous être le plus cher... la lettre de M. Lelio, et puis encore un contrat que mademoiselle Rosalba vient de me donner ; car c'est sûrement pour vous, ce contrat-là.

ARGENTINE.

Non ; il est à vous.

ARLEQUIN.

A moi ! Qu'est-ce que cela veut dire ?

ARGENTINE.

Je vais vous l'expliquer, quoique ce ne soit pas le moment. Mademoiselle Rosalba a voulu me donner ce matin quinze mille francs, je lui ai demandé que ce don fût pour vous seul : c'est le contrat que vous tenez.

ARLEQUIN, *jetant le contrat.*

Je n'en veux point. Avez-vous imaginé que je recevrais d'une main les lettres de M. Lelio, et de l'autre des présens pour me consoler ?

SCENE XVII.

Avez-vous cru me dédommager, avec de l'argent, de votre cœur que vous m'avez ôté? Non, madame, non; personne n'est assez riche pour me payer ce que vous m'avez volé.

ARGENTINE.

Mon cœur est toujours à vous; il n'a pas cessé d'être à vous. Je ne peux pas en dire davantage; mais vous devriez me deviner.

ARLEQUIN.

Vous deviner! cela était bon quand nous nous aimions : ce n'est que dans ce temps-là qu'on se devine.

ARGENTINE.

Voulez-vous m'écouter un seul moment?

ARLEQUIN.

Oh! parlez; votre ami, M. Lelio, s'est donné la peine d'écrire ma réponse à tout ce que vous direz.

ARGENTINE.

Une femme assez malheureuse pour tromper son mari n'en vient pas au dernier crime sans lui avoir donné des sujets de plaintes moins graves : ce n'est qu'à force de négliger ses devoirs qu'elle parvient à les oublier. Si j'étais capable de vous avoir trahi, avant d'en aimer un autre, j'aurais cessé de t'aimer toi-même; j'aurais repoussé ta tendresse, j'aurais cherché à te refroidir. Et, réponds-moi, as-tu jamais remarqué la moindre diminution dans mon amour pour toi, dans mon désir de te plaire, dans mon chagrin de te quitter, dans mon plaisir de te revoir? Rappelle-toi tous les instans de ma vie; en ai-je été un seul sans te dire, sans te répéter, sans te prouver que je t'adore? Ton cœur peut-il m'accuser?...

ARLEQUIN.

Il n'est pas question de mon cœur, il ne vous accusera jamais La vieille habitude qu'il a de vous croire fait qu'il me parle toujours pour vous.... Mais je ne l'écoute pas. Voilà la lettre qui vous condamne; cette lettre est de M. Lelio; M. Lelio vous aime; vous vous cachez de moi pour aller voir M. Lelio; tout cela est clair ... Et, tenez, M. Pandolfe lui-même, à qui je viens de tout raconter, parce que je ne peux pas garder mes chagrins, moi, M. Pandolfe a été plus affligé que surpris; il m'a dit que M. Lelio s'amusait à être l'amoureux de toutes les femmes qu'il voyait. Car il ne faut pas que vous vous imaginiez être la seule que M. Lelio adore. Il se moque de vous tout comme des autres. Il en aime peut-être dix dans ce moment-ci; et cette lettre-là a servi pour une douzaine. Sans aller plus loin, M. Pandolfe m'a dit qu'il avait un peu tourné la tête à mademoiselle Rosalba.

SCÈNE XVII.

ARGENTINE.

Et vous pensez que j'aurais été capable d'enlever un amant à mademoiselle Rosalba; à ma bienfaitrice, à celle à qui je dois tout! Vous imaginez que j'aurais sacrifié ma tendresse pour toi, mon bonheur, mon repos, pour avoir le plaisir de chagriner mademoiselle Rosalba! Non, mon ami, l'amitié seule m'aurait défendue : mais je l'étais assez par mon amour, qui est aussi vif, aussi tendre, qu'au premier jour de notre mariage. Il est possible qu'une femme trompe son époux, mais elle ne peut pas tromper son amant : l'amour est une sauvegarde encore plus sûre que la vertu. Mon ami, je suis innocente, puisque je t'aime, puisque je t'adore, puisque je préfère la mort à ton indifférence... Réponds-moi... A quoi penses-tu?

ARLEQUIN, *la regardant.*

Je pense qu'il serait bien dommage que la fausseté eût ce visage-là.

ARGENTINE.

Livre-toi au mouvement de ton cœur; reviens à moi, reviens à celle qui n'a pas cessé d'être à toi. Je ne me relève pas que tu ne m'aies pardonné.

(*Elle tombe à ses genoux; les deux enfans accourent, et se mettent aussi à ses genoux.*

LES ENFANS.

Ah! mon papa, pardonnez à notre maman.
(*Arlequin, ému, relève sa femme et se met à genoux.*)

ARLEQUIN.

C'est à toi de me pardonner d'avoir pu te croire coupable.

LES ENFANS, *à leur mère.*

Ah! maman, pardonnez à notre papa.

ARGENTINE, *l'embrassant.*

Enfin, me voilà heureuse! Mon ami, je te promets qu'il ne te restera pas le moindre nuage; je jure que tout sera éclairci...

ARLEQUIN.

Tout l'est, puisque tu m'as embrassé.
(*Il remet dans son sac tout ce qu'il en avait ôté.*)

ARGENTINE.

Non, mon ami; j'exige de toi que tu ne me quittes pas une seule minute jusqu'au moment de ma justification.... Mais voici mademoiselle Rosalba. Comme elle est agitée! Eh! mademoiselle, qu'allez-vous nous apprendre?

SCÈNE XVIII.

ROSALBA, ARLEQUIN, ARGENTINE,
LES DEUX ENFANS.

ROSALBA.

Qu'il ne manque plus rien à mon bonheur. Laisse-moi reprendre haleine; je ne me possède pas de joie.

ARGENTINE.

Je brûle d'apprendre....

ROSALBA.

Ma tendresse pour toi pouvait seule me donner le courage que je viens d'avoir. En te quittant, j'ai couru chez mon père; Arlequin sortait, il lui avait tout dit, car mon père, irrité, donnait à Lelio des noms qu'il est loin de mériter. Je me suis précipitée à ses pieds : C'est moi, me suis-je écriée, c'est moi qui l'ai épousé ; je suis sa femme.... La femme de qui? a-t-il dit en me repoussant.... La femme de Lelio. A ces paroles mes forces m'ont abandonnée, mais non pas mon père; il m'a relevée avec fureur et tendresse, ses mains tremblaient et n'osaient pas serrer les miennes; il semblait avoir peur de me pardonner. J'ai profité de l'instant, j'ai tout avoué ; je lui ai dit que je portais dans mon sein le gage de notre union ; que cet enfant était le sien, et qu'il lui demandait par ma voix la permission de naître pour l'aimer. Mon amie, cette idée a fait évanouir sa colère ; il est resté un moment incertain sur ce qu'il allait dire. Mes yeux étaient fixés sur les siens, mon cœur battait de toute sa force ; je le regardais sans parler ; il me regardait de même : enfin ce silence a fini par un torrent de larmes qu'il retenait depuis long-temps. Dès que je l'ai vu pleurer, j'ai senti qu'il allait pardonner ; je me suis élancée à son cou ; et les premiers mots que sa bouche a prononcés, en se pressant sur mon visage, ont été : Ma fille, je te pardonne.

ARGENTINE, *embrassant Rosalba avec transport.*

Ah ! rien ne manque à mon bonheur.

ROSALBA.

Venez, mes amis, venez avec moi : je cours chercher Lelio ; je vais le conduire aux pieds de mon père. Soyez les témoins d'une félicité que je dois à ma chère Argentine.

ARLEQUIN.

Mais je n'entends pas bien tout cela. M. Lelio est donc le mari de mademoiselle Rosalba ?

ARGENTINE.

Voilà ce grand secret que j'avais promis

de te cacher. De peur qu'il ne fût découvert, je recevais sous mon adresse les lettres de M. Lelio pour sa femme. Celle d'aujourd'hui.....

ARLEQUIN.

Chut, chut, je comprends toute ma méprise : je ne me la pardonnerais pas si j'avais eu besoin d'explication pour me raccommoder avec toi. (*Il embrasse Argentine, et puis il prend par la main ses deux enfans.*) Mes enfans, vous vous marierez un de ces jours ; si vous avez le bonheur, comme moi, de trouver une honnête femme, souvenez-vous qu'il faut toujours la croire plus que vos propres yeux. Sans cela, point de bon ménage.

FIN DU BON MÉNAGE.

LE BON PÈRE,

ou

LA SUITE DU BON MÉNAGE,

COMÉDIE

EN UN ACTE ET EN PROSE;

Représentée pour la première fois sur le théâtre italien, au mois de mars 1790.

A S. A. S.

MONSEIGNEUR LE DUC DE PENTHIÈVRE.

Monseigneur,

Quand même je voudrais cacher que j'ai eu la hardiesse de peindre Votre Altesse Sérénissime, tout le monde, et surtout votre auguste fille, le devinerait, puisque mon tableau s'appelle *le bon Père*. Il vaut mieux avouer ma faute et en solliciter le pardon. La tentation était trop grande : assez heureux pour vivre auprès de vous, Monseigneur, je vous ai vu avec vos enfans, avec vos vassaux, avec les pauvres, partout j'ai vu *le bon Père*; j'ai mis par écrit ce que je vous ai entendu dire. Dédier cet ouvrage à Votre Altesse, c'est lui rendre son propre bien.

Je suis avec un profond et tendre respect,

Monseigneur,

De Votre Altesse Sérénissime,

Le très humble et très obéissant serviteur,
FLORIAN.

PERSONNAGES.

ARLEQUIN, père de Nisida.
NISIDA.
CLÉANTE, amant de Nisida.
NÉRINE, suivante de Nisida.

La scène est à Paris, dans la maison d'Arlequin.

LE BON PÈRE,
COMÉDIE.

Le théâtre représente un salon.

SCÈNE I.
CLÉANTE, NÉRINE.

NÉRINE.

Je ne vous comprends pas, monsieur Cléante ; quand toute la maison est dans la joie, quand nous sommes tous occupés de la fête que monsieur Arlequin, notre maître, donne à sa fille mademoiselle Nisida, vous que votre esprit et vos talens peuvent si bien servir dans cette occasion, vous paraissez plus triste que jamais.

CLÉANTE.

J'ai sujet de l'être, ma chère Nérine ; je viens de recevoir des nouvelles très affligeantes.

NÉRINE.

De qui ?

CLÉANTE.

De mon régiment.

NÉRINE.

Mais contez-moi donc tout cela. Ne suis-je plus votre confidente ? Avez-vous oublié que c'est moi seule qui vous ai fait entrer dans cette maison, que sans moi vous n'auriez jamais pu parler à mademoiselle Nisida ? Ce n'est pas pour vous reprocher mes bienfaits que je vous les rappelle ; mais, puisque je n'ai rien négligé pour votre bonheur, j'ai le droit de partager vos peines.

CLÉANTE.

J'ai toujours présent à ma mémoire tout ce que tu fis pour moi. Sans ton amitié, sans ton adresse, je n'aurais pas revu Nisida depuis le jour où, pour la première fois, je l'aperçus à la promenade. Ce seul moment lui livra mon cœur. Tous mes efforts, toutes mes tentatives pour m'introduire ici furent inutiles : toi seule eus pitié de moi ; tu daignas protéger cet amour si tendre, si pur, qui ne finira qu'avec mes jours ; tu fus la première à me travestir et à me présenter pour secrétaire à ton maître, monsieur Arlequin. Depuis six mois je jouis du bonheur inexprimable de vivre, de respirer auprès de celle que j'adore, de la voir tous les jours, de lui parler quelquefois. Elle ne se doute pas que je l'aime et que je suis digne de l'aimer : n'importe ; j'étais heureux, je bénissais mon sort ; une lettre que je reçois de mon colonel vient de détruire cette illusion.

NÉRINE.

Que vous écrit ce colonel ?

CLÉANTE.

Tu sais que depuis trois mois j'ai reçu l'ordre de retourner au régiment ; je n'ai pu m'y résoudre : et mon colonel, qui s'intéresse véritablement à moi, a découvert, je ne sais comment, que j'étais dans la maison de monsieur Arlequin sur le pied d'un secrétaire, d'un domestique, tranchons le mot, et que j'oubliais tous mes devoirs pour un fol amour qui ne peut être heureux. Il vient de m'écrire, avec toute la sévérité d'un chef et toute la vivacité d'un ami, que, si je n'ai pas rejoint dans huit jours, il fera nommer à ma compagnie.

NÉRINE.

Hé bien, qu'il y nomme. Votre compagnie la plus chère, c'est nous ; et votre premier colonel, c'est mademoiselle Nisida. Je ne m'y connais pas, moi, mais il me semble qu'il vaut bien autant être le mari d'une demoiselle jeune, charmante, riche, aimable, que d'être capitaine de cavalerie.

CLÉANTE.

Tu parles toujours de mariage, Nérine, et tu ne veux pas comprendre qu'il est presque impossible que j'épouse mademoiselle Nisida.

NÉRINE.

La raison, s'il vous plaît. On épouse tout le monde, excepté sa sœur.

CLÉANTE.

Je te l'ai dit cent fois. Nisida est jeune, belle, aimable, fille unique d'un père très riche : et moi, militaire obscur, sans fortune, presque sans nom, car le sort qui m'a poursuivi dès le berceau me défend d'oser porter le nom de mon père ; moi, destiné à vieillir dans un régiment, ou à trouver la mort à la guerre, j'ose aimer Nisida, je me travestis, je me dégrade, je vais perdre pour elle le seul bien que je possède, le seul qui me fait vivre, mon état : et quand il ne me restera plus rien dans le monde que mon amour, comment oser le déclarer à celle qui pourrait croire que c'est sa fortune que j'aime.

NÉRINE.

J'approuve cette délicatesse, sans voir les choses comme vous les voyez. Mademoiselle Nisida est assurément tout ce que vous avez dit; mais vous, M. Cléante, vous n'êtes pas si fort au-dessous d'elle. D'abord, pour les qualités et les agrémens, sans vous flatter, vous vous ressemblez beaucoup. Je sais que ce petit article, qui fait tout dans le mariage, est compté pour rien dans le contrat; mais monsieur Arlequin, le père de mademoiselle Nisida, convient lui-même qu'il n'est qu'un simple bourgeois d'une petite ville d'Italie, et qu'il ne possède ses richesses que par un hasard singulier. Vous êtes un homme de condition, capitaine de cavalerie à vingt ans, aimé, considéré de tous ceux qui vous connaissent; jamais votre réputation n'a été effleurée par la moindre étourderie....

CLÉANTE.

A cela je n'ai point de mérite; quand on est pauvre, on n'a que la ressource d'être sage.

NÉRINE.

Cela peut être; mais bien des gens ignorent leurs ressources. La fortune est donc la seule qui ne vous ait pas bien traité. C'est un malheur pour vous, et un bonheur pour celle qui vous épousera; car vous lui devrez tout; et il me semble qu'il faut bien estimer quelqu'un pour consentir à lui devoir tout.

CLÉANTE.

Ces réflexions-là ne me sont pas permises.

NÉRINE.

Écoutez-moi, monsieur; j'ai toujours eu

une manière de me conduire qui m'a réussi. Mon grand principe, c'est qu'il faut céder à son cœur toutes les fois qu'il est plus fort que notre raison. Examinez-vous bien. Si vous croyez pouvoir oublier mademoiselle Nisida, il faut retourner à votre régiment, suivre le service, et reprendre par votre mérite la place que le sort vous a ôtée : s'il vous est impossible de vivre sans mademoiselle Nisida, ma foi, il faut rester ici plutôt que de mourir ; il faut lui parler, lui découvrir qui vous êtes, lui dire que vous l'aimez....

CLÉANTE.

Oh! jamais je n'oserai, Nérine....

NÉRINE.

Oh! si la peur vous prend, tout est perdu. Mettez-vous donc bien dans la tête que, depuis que le monde est monde, il n'y a jamais eu d'homme étranglé par une femme pour lui avoir dit qu'il l'aimait. De tous les tours qu'on peut nous jouer, c'est celui-là que nous pardonnons le plus aisément : je vous dis le secret du corps, moi ; c'est à vous d'en profiter.

CLÉANTE.

Mais....

NÉRINE.

Mais j'en sais plus que vous, et votre bonheur m'est aussi cher que le mien ; car je ne sais pas pourquoi l'on s'intéresse toujours à ceux qui ne sont bons qu'à nous donner du chagrin : croyez-moi, suivez mes avis, vous réussirez.

CLÉANTE.

Je ne demande pas mieux : que faut-il faire ?

NÉRINE.

Commencez par aller écrire à votre colonel, et demandez un mois de délai. Pendant ce temps je me charge de vous faire expliquer, vous et mademoiselle Nisida. (*Cléante la regarde, et ne sort point.*) Allez donc, ne perdez pas de temps. Faut-il que ce soit moi qui écrive à votre colonel ?

CLÉANTE.

Comme tu es vive ! Attends un moment....

NÉRINE.

Il n'y a point à attendre, allez écrire ; reposez-vous sur moi du reste, et reprenez cette gaîté charmante qui vous fait aimer de tout le monde. Songez que c'est aujourd'hui la fête de votre maîtresse ; occupez-vous du bouquet, du compliment que vous devez lui faire. Je veux bien me charger de tout ce que vous trouvez de difficile ; mais j'exige que vous soyez très aimable, parce que cela vous est fort aisé.

CLÉANTE.

Je ne le serai jamais tant que toi; mais du moins je t'obéirai aveuglément.

(*Il lui baise la main et sort. Arlequin paraît, et voit Cléante baiser la main de Nérine.*

Arlequin doit être en habit de velours noir, veste de drap d'or, perruque à trois marteaux, culotte et masque d'Arlequin.)

SCÈNE II.

ARLEQUIN, NÉRINE.

ARLEQUIN.

FORT bien; je ne m'étonne plus, Nérine, si tu me fais si souvent l'éloge de Cléante.

NÉRINE.

Je vous assure, monsieur, que ce qui nous lie le plus, M. Cléante et moi, c'est notre extrême attachement pour vous et pour mademoiselle votre fille.

ARLEQUIN.

Je ne te demande pas ton secret : vous êtes libres tous deux, vous vous convenez, vous avez raison de vous aimer; c'est une des plus douces consolations de la vie. Où est ma fille?

SCÈNE II.

NÉRINE.

Elle est renfermée dans son cabinet ; depuis quelque temps elle aime beaucoup à être seule.

ARLEQUIN.

Il ne faut pas la déranger. Crois-tu qu'elle se doute de la petite fête que je lui prépare pour ce soir ?

NÉRINE.

Je ne le crois pas, monsieur.

ARLEQUIN.

Nos musiciens viendront-ils ?

NÉRINE.

Ils doivent être ici de bonne heure, et je les ferai cacher dans le petit salon, pour que mademoiselle Nisida ne puisse pas les voir.

ARLEQUIN.

C'est bien. L'important est que ma fille ne s'attende à rien, et qu'en sortant de table elle trouve le salon tout en fleurs, tout en lumières, avec une musique terrible, et son nom écrit partout en guirlandes. Ensuite les marchands entreront, et tu auras soin de faire porter dans la chambre de Nisida tout ce qui aura l'air de lui plaire. Je paierai tout : je suis riche, et je ne trouve bien employé que l'argent dépensé pour ma fille. Avoue que j'ai raison, et que ma Nisida est charmante.

NÉRINE.

Tout le monde n'a qu'un avis là-dessus.

ARLEQUIN.

C'est qu'elle ressemble à sa mère, ma pauvre Argentine, que j'ai tant pleurée. Hélas ! après vingt ans de mariage, je l'ai perdue au moment où je fis ma grande fortune. Nous n'avions jamais eu qu'une seule querelle, encore était-ce moi qui avais tort. Tiens, voilà son portrait, voilà tout ce qui m'en reste..... Ah ! Nérine, ne te marie jamais ; il est si affreux de s'aimer et de mourir l'un après l'autre !

NÉRINE.

Allons, monsieur, pourquoi vous affliger?....

ARLEQUIN, *pleurant*.

Ce n'est pas s'affliger que de pleurer ceux que l'on regrette ; au contraire, Nérine, j'ai du plaisir à me rappeler ma femme et mes deux petits garçons. Comme j'étais heureux quand ils vivaient ! Nous n'étions pas riches ; mais nous avions la paix, la joie et l'amour : avec cela on ne manque pas de grand'chose. Hélas ! ils ont tout emporté.

NÉRINE.

Comment pouvez-vous oublier ce qui vous reste ? L'estime générale, une grande fortune, des amis, une fille unique dont vous devez être fier, tout vous assure une vieillesse douce et honorable. Mademoiselle Nisida ne tardera guère à se marier : elle sera heureuse, car vous êtes assez riche pour lui laisser choisir un époux selon son cœur. Votre gendre, votre fille, vos petits-enfans, vous béniront, vous soigneront ; vous serez au milieu d'eux le point de réunion de leur bonheur et de leur tendresse. Allez, allez, monsieur, c'est peut-être le plus doux moment de la vie ; et je crois qu'un vieillard, entouré de ceux qu'il a comblés de biens, a cent fois plus de vrais plaisirs que le plus heureux jeune homme.

ARLEQUIN.

J'espère que tu as raison : d'ailleurs je me dis tous les jours que les pleurs ne servent de rien. Aujourd'hui il ne m'est pas permis d'être triste ; parlons de ma fille. Je voudrais bien pouvoir trouver quelque joli couplet que je lui chanterais ce soir : mais je n'ai jamais fait de vers ; et il ne suffit pas de bien penser pour bien dire.

NÉRINE.

Pardonnez-moi, cela suffit quand c'est pour sa fille que l'on travaille.

ARLEQUIN.

Depuis hier soir je rumine ce projet-là ; mais ces diables de rimes ne viennent point :

voilà tout ce qui m'embarrasse; car, sans la rime, je ferais des vers comme de la prose.....
Ecoute, appelle Cléante pour qu'il vienne écrire sous ma dictée, et va-t'en; oui, va-t'en, je crois que je suis dans un bon moment.

NÉRINE.

Dépêchez-vous d'en profiter, je vais vous envoyer monsieur Cléante.

(Elle sort.)

SCÈNE III.

ARLEQUIN, *seul*.

Voyons donc si je ne pourrai pas faire un petit madrigal, quand il ne serait que de quatre vers...... Il y a tant de jolies choses à dire de ma fille! Voyons.... *(Il se met à son bureau, et rêve.)* C'est le commencement qui est toujours le plus difficile..... Il faut pourtant bien commencer.... O ma fille.... Cela n'est pas mal. O ma fille, c'est fort bien.... *(Il écrit.)* Cependant, O ma fille, c'est trop grand, trop poétique; je m'en vais ôter l'O. Ma fille; c'est beaucoup mieux, c'est plus simple et plus doux : Ma fille, voilà comme mon cœur l'appelle; il ne l'appelle pas, O ma fille. Ma fille, c'est clair et charmant. Oui : mais cela ne suffit pas, il faudrait encore quelque chose. Ma fille,

SCÈNE III.

c'est une belle pensée, mais c'est trop court.... Où est donc ce Cléante? Depuis six mois que j'ai un secrétaire, voici la première fois que j'en ai besoin, et il n'est pas là. C'est bien la peine... Ah! le voici.

SCÈNE IV.

ARLÉQUIN, CLÉANTE.

ARLEQUIN.

ARRIVE donc, mon ami; j'ai tout plein de choses à te dicter; mets-toi là, et écris ce que je vais te dire.

CLÉANTE *s'assied.*

Quand vous voudrez, monsieur.

ARLEQUIN.

Mon ami, ce sont des couplets que j'ai faits pour la fête de ce soir. Ils ne sont pas encore finis; mais il faut toujours les écrire, parce que je n'ai point de mémoire, et mes vers m'échappent.... avant d'être faits. Allons, prends du grand papier, le plus grand, et écris : Couplets à ma fille, le jour de sa fête.

CLÉANTE, *écrivant.*

Le jour de sa fête.

ARLEQUIN.

Ma fille....

CLÉANTE.

Ne faut-il pas écrire d'abord sur quel air vous les avez faits?

ARLEQUIN.

Sur quel air?

CLÉANTE.

Oui, monsieur.

ARLEQUIN.

L'air ne me regarde pas; je ne me charge que des paroles.

CLÉANTE.

Mais puisque vous voulez que ces paroles se chantent, vous les avez faites sur un air.

ARLEQUIN.

Non, en vérité, je n'y ai pas songé.

CLÉANTE.

Cela est pourtant nécessaire.

ARLEQUIN.

Oh bien! tu feras l'air, toi, quand j'aurai fait les paroles. Je ne peux pas tout faire.

CLÉANTE *relit*.

Couplets à ma fille, le jour de sa fête

ARLEQUIN.

Fort bien. Ecris à présent: Ma fille.....

CLÉANTE.

Ma fille....

ARLEQUIN.

As-tu mis?

SCÈNE IV.

CLÉANTE.

Oui, monsieur.

ARLEQUIN.

Un moment.... Tu as mis Ma fille?

CLÉANTE.

Oui, monsieur.

ARLEQUIN, *rêvant.*

C'est très bien.... Mets à présent....

CLÉANTE, *après un silence.*

Quoi, monsieur?

ARLEQUIN.

Une virgule.

CLÉANTE.

J'attends, monsieur.

ARLEQUIN.

Moi aussi.

CLÉANTE.

Comment!

ARLEQUIN.

Sans doute, je n'ai fait que cela encore.

CLÉANTE.

Vous n'êtes pas très avancé.

ARLEQUIN.

J'ai toujours mon commencement... Tu devrais bien m'aider un peu.

CLÉANTE.

Vous avez trop de sensibilité, vous aimez trop mademoiselle Nisida pour avoir besoin d'un aide; il est si facile de la louer! Dites-moi ce que vous pensez pour elle, je l'écrirai : les vers s'arrangeront d'eux-mêmes.

ARLEQUIN....

Je crois que tu dis vrai : voyons; je voudrais lui faire un petit compliment sur sa figure, ses qualités, son esprit..... que cela fût tourné..... d'une manière gentille, avec un peu..... Charge-toi de mettre des rimes à ces vers-là.

CLÉANTE, *rêvant.*

Je vous entends bien.

ARLEQUIN.

Tu entends bien : voilà mon premier couplet.

CLÉANTE *écrit.*

Il est écrit.

ARLEQUIN.

Fort bien; à présent je m'en vais faire le second. Écris ces vers-ci. Oh! ceux-là sont tout faits. Écris que ce n'est pas à son père à la louer, mais que tout le monde parlerait comme son père... et rimes toujours au moins.

CLÉANTE.

Il le faut bien. (*Il rêve et écrit.*) C'est écrit, monsieur.

ARLEQUIN.

Me conseilles-tu d'en faire encore un?

SCÈNE IV.

CLÉANTE.

Il me semble que deux suffisent.

ARLEQUIN.

Tu n'as qu'à dire! je suis en train; mais je crois qu'en voilà bien assez. Pends cette mandoline, et chante-moi les couplets que je viens de faire, pour que je corrige.

CLÉANTE.

(*Il chante en s'accompagnant de la mandoline.*)

MA fille unit aux grâces de son âge
Des dons plus sûrs pour fixer le bonheur;
Et l'on ne sait que chérir davantage
De sa beauté, son esprit ou son cœur.

ARLEQUIN.

C'est mot à mot ce que j'ai dit; je croyais cela plus difficile. Voyons l'autre couplet.

CLÉANTE.

JE peux flatter une fille si chère,
Mais l'on pardonne à ce doux sentiment :
Si je la vois avec les yeux d'un père,
Tout autre aura les yeux d'un tendre amant.

ARLEQUIN, *surpris*.

C'est moi qui ai fait celui-là?

CLÉANTE.

Vous venez de me le dicter.

ARLEQUIN.

Cela est vrai; mais il n'avait pas l'air si joli

quand je l'ai fait. C'est fort bien, fort bien ; je ne vois rien là à corriger. Sans me flatter, conviens qu'ils ne sont pas mal.

SCÈNE V.

ARLEQUIN, CLÉANTE, NÉRINE.

NÉRINE.

Monsieur, on vous demande.

ARLEQUIN.

Comment ! je ne peux pas travailler une minute en repos ! Il faut toujours qu'on me dérange. Qui me demande ?

NÉRINE.

C'est ce monsieur habillé de noir qui est venu hier matin.

ARLEQUIN.

Ah ! c'est différent : cette affaire-là est plus intéressante que toutes les miennes, elle regarde ma fille.

NÉRINE.

Il vous attend dans votre cabinet.

ARLEQUIN

J'y vais. (*A Cléante.*) Mon ami, je suis on ne peut plus content de moi et de toi aussi ; et je te prépare quelque chose qui te prouvera mon amitié : laisse-moi faire, sois tranquille.

Ce petit couplet de l'amant qui est le père, le père l'amant, c'est très joli, très joli..

(*Il s'en va en chantant les couplets.*)

SCÈNE VI.
CLÉANTE, NÉRINE.

NÉRINE.

Monsieur Arlequin paraît enchanté de vous, tant mieux : continuez à vous en faire aimer. Ou je me trompe fort, ou sa fille pourrait bien lui en donner l'exemple.

CLÉANTE.

Et sur quoi juges-tu...?

NÉRINE.

Sur ce que je viens de voir. Vous souvenez-vous de cette chanson si tendre que vous fîtes il y a un mois, que M. Arlequin trouva charmante, et sur laquelle mademoiselle Nisida ne dit pas un seul mot?

CLÉANTE.

Oui : hé bien?

NÉRINE.

Tout à l'heure j'ai été par hasard jusqu'à la porte du cabinet de mademoiselle Nisida; elle y était enfermée. J'ai entendu sa guitare, j'ai écouté : elle chantait votre chanson, tout doucement, à demi-voix, mais avec un accent bien tendre, et qui prouvait qu'elle y prenait plaisir. Monsieur, quand les auteurs nous sont indifférens, on n'a pas peur de louer leurs ouvrages, et l'on ne va pas s'enfermer pour chanter tout bas leurs chansons.

CLÉANTE.

Voilà une belle preuve!

NÉRINE.

Plus claire que vous ne pensez..... Mais la voici : allons, tâchez de lui parler, de lui faire entendre que vous l'aimez. Vous avez de l'esprit avec tout le monde, excepté avec elle.

CLÉANTE.

C'est que je n'ai de l'amour que pour elle.

NÉRINE.

La voilà : du courage ; je vous aiderai tant que je pourrai.

SCÈNE VII.
NISIDA, CLÉANTE, NÉRINE.

NISIDA.

Je croyais mon père ici, Nérine.

CLÉANTE.

Il y était tout à l'heure, mademoiselle ; mais il est renfermé avec un homme d'affaires.

NÉRINE.

Il nous a même dit que c'était pour quelque chose qui vous regardait.

SCÈNE VII.

NISIDA.

Il est toujours occupé de mes plaisirs ou de mon bonheur.

NÉRINE.

Que sait-on, peut-être songe-t-il à se donner un aide pour vous rendre heureuse.

NISIDA.

Que veux-tu dire?

NÉRINE.

Je veux dire qu'il s'occupe sans doute de vous chercher un mari.

NISIDA, *vivement*.

Ah! j'espère que non.

NÉRINE.

Cela vous ferait du chagrin?

NISIDA, *froidement*.

Tout changement à mon sort ne pourrait que m'être désagréable. Je suis heureuse avec mon père, je n'aime que lui, je ne veux aimer que lui; il ne respire que pour moi. Ce sentiment suffit à mon cœur comme à ma félicité.

CLÉANTE.

Ajoutez à tant de raisons la certitude de ne jamais trouver un époux digne de vous. Quand même sa fortune et son rang seraient au-dessus des vôtres, quand même il serait le plus aimable des hommes, vous feriez encore un mariage inégal.

NISIDA.

Vous me louez toujours, Cléante; j'en suis fâchée, car j'aime à causer avec vous, et cela m'en empêche.

NÉRINE, *bas à Cléante.*

Allez donc..... O le poltron! (*Haut.*) Moi, qui ne vous loue point, mademoiselle, et qui ne vous en suis pas moins attachée, je n'approuve pas cet éloignement pour le mariage. Vous êtes faite pour vous marier; mais je veux que ce soit avec un homme dont l'âge et les qualités vous conviennent. Monsieur votre père est trop vieux pour le chercher, vous êtes trop jeune pour le choisir; si vous voulez, je le trouverai, moi, je m'en charge.

NISIDA.

Tu es folle, Nérine.

NÉRINE.

Non, je parle très sérieusement; je vois d'ici ce qu'il vous faut. Dites un seul mot, et je vous amène un jeune homme bien fait, d'une jolie figure, d'un caractère doux et sensible, d'un esprit fin et aimable; en un mot, un époux rempli d'honneur, de grâce et d'amour. Si cela vous convient, vous n'avez qu'à parler.

NISIDA.

Et tu répondras de toutes ces qualités, même de l'amour qu'il aura pour moi?

SCÈNE VII.

NÉRINE.

Oh! c'est justement ce que je garantis le plus.

CLÉANTE.

C'est pourtant le plus difficile à prouver. Quand on est la fille unique d'un homme opulent, on a le droit malheureux de ne jamais se croire aimée. La fortune fait payer ses bienfaits même à l'amour-propre : vous avez beau être jeune, belle, charmante : vous êtes riche, ce mot seul arrêtera tout amant tendre et délicat. Il doit être bien difficile de ne pas vous aimer ; mais il est impossible d'oser dire que l'on vous aime.

NISIDA.

Ce n'est pas à mon âge que l'on fait de si tristes réflexions, et si jamais....

CLÉANTE, *vivement*.

Si jamais....

SCÈNE VIII.

NISIDA, CLÉANTE, NÉRINE, ARLEQUIN.

ARLEQUIN.

Bonjour, ma chère enfant; je te souhaite une bonne fête : mais tu n'auras ton bouquet que ce soir, parce que je veux te surprendre. Je t'ai fait des couplets : nous aurons de la musique, feu d'artifice, illumination : tu verras, tu verras quelque chose à quoi tu ne t'attends pas.

NISIDA.

Comment, mon père, vous avez la bonté...

ARLEQUIN.

Ne me questionne point, parce que je ne veux pas que tu saches un seul mot de tout cela. D'ailleurs j'ai à te parler d'affaires plus importantes, que, grâces au ciel, je viens de terminer. Cléante et Nérine y sont pour quelque chose, ainsi je peux m'expliquer devant eux. Tu connais bien ce jeune marquis d'Yrville, dont tout le monde dit du bien, que tu m'as souvent vanté toi-même, et qui te fait un peu la cour depuis quelques mois ?

NISIDA.

Hé bien, mon père ?

ARLEQUIN.

Hé bien, ma chère amie, je viens d'arrêter ton mariage avec lui.

CLÉANTE, *à part*.

O ciel !

NISIDA.

Avec le marquis d'Yrville ?

ARLEQUIN.

Oui, mon enfant ; j'ai eu de la peine à en venir à bout ; mais pour aplanir les difficul-

SCÈNE VIII.

tés, je te donne, le jour du mariage, tout ce que je possède.

NISIDA.

Et vous, mon père?

ARLEQUIN.

Oh! quoi, la plus sûre manière pour que je ne manque de rien, c'est que tu aies tout. D'ailleurs tu me rendras service : car, si tu veux que je te parle franchement, mon argent m'ennuie, c'est toujours la même chose, il faut passer sa vie à compter. Si l'on n'avait pas quelquefois le plaisir de donner, cela serait insupportable.

NÉRINE.

Mais êtes-vous sûr, monsieur, que mademoiselle votre fille....?

ARLEQUIN.

Quant à toi, Nérine, je ne t'ai pas oubliée : j'ai remarqué depuis long-temps l'amitié qui règne entre Cléante et toi; j'ai profité de l'occasion pour faire votre bonheur à tous deux. Je t'assure une dot fort honnête, et tu épouseras Cléante le jour même du mariage de ma fille.

NÉRINE.

J'épouserai M. Cléante, moi!

ARLEQUIN.

Oui, tu ne t'y attendais pas, n'est-il pas

vrai? J'ai voulu vous surprendre, parce que les choses qu'on désire font cent fois plus de plaisir quand elles viennent sans qu'on y pense. Hé bien!... Vous voilà tous interdits... Vous ne me remerciez seulement pas... Qu'as-tu donc, Cléante? Je ne t'ai jamais vu comme te voilà?

NÉRINE.

Il faut lui pardonner, monsieur, c'est l'amour... la joie... Ce pauvre garçon ne s'attendait pas à m'épouser si promptement.

ARLEQUIN.

Ma chère Nisida, tu n'as pas l'air d'être contente de ce que je viens de t'apprendre. Ecoute donc, je désire vivement de te voir la femme du marquis d'Yrville, et je t'en dirai les raisons; mais, si cela ne te convient pas, tu me diras les tiennes, qui seront les meilleures.

NISIDA.

Mon père, je suis pénétrée de reconnaissance et d'amour pour vous..... Mais je voudrais vous parler sans témoin.

ARLEQUIN.

Tu m'inquiètes, ma fille. (*A Cléante et Nérine.*) Elle dit qu'elle veut me parler sans témoin; je crois qu'il faut que vous vous en alliez.

SCÈNE VIII.

CLÉANTE, *en sortant.*

Nérine, que devenir?

NÉRINE.

Rien n'est encore perdu.

SCÈNE IX.

ARLEQUIN, NISIDA.

ARLEQUIN.

J'AVAIS cru te plaire en arrangeant ce mariage; me serais-je trompé? N'aimes-tu pas le marquis?

NISIDA.

Je ne l'ai jamais aimé. Il s'est occupé de moi, et j'ai rendu justice à ses qualités estimables : mais qu'il y a loin de l'estime à l'amour!

ARLEQUIN.

Ma foi, je me suis donc trompé. Tu m'en as toujours dit du bien ; je le vois te chercher dans toutes les maisons où nous allons : quand il cause avec toi, tu as un air contraint et embarrassé; j'avais pris tout cela pour de l'amour. Il n'en est rien ; je retirerai ma parole, parce que la première condition était que le mariage te conviendrait. Pardonne-moi; je

t'en prie, le petit chagrin que je t'ai causé ;
j'en suis plus fâché que toi-même.

(*Il lui tend la main, que Nisida baise avec tendresse.*)

NISIDA.

Ah, mon père !

ARLEQUIN.

Je te promets que je ne ferai plus pareille étourderie. Dorénavant je te rendrai compte tous les matins de ceux qui t'auront demandée en mariage la veille, et je ne ferai les réponses que sous ta dictée.

NISIDA.

Mais pourquoi vous occuper de m'établir ? Je suis si heureuse avec vous ! Je n'ai pas un désir, je ne forme pas un souhait que vous ne l'accomplissiez. Laissez-moi dans cette douce position : je ne connais pas le bonheur d'une femme, et celui de la plus heureuse des filles me suffit. Oui, quand bien même, ce qui est impossible, vous me donneriez un époux qui vaudrait mon père, je serais fâchée de partager mon cœur ; je ne veux aimer que vous, je ne veux rien devoir qu'à vous.

ARLEQUIN.

Ma chère enfant, tu n'as pas besoin de m'attendrir pour faire de moi tout ce que tu voudras. D'abord, mariée ou non mariée, tu ne me quitteras jamais; j'en mourrais tout de suite, et je veux vivre encore quelques années, si cela se peut. Quant à ta répugnance pour prendre un époux, tu conviendrais peut-être qu'il est nécessaire de la surmonter, si tu savais l'histoire de ma fortune. Ecoute-la d'abord, ensuite nous raisonnerons ensemble comme deux bons amis qui n'ont qu'un même intérêt. Je conseillerai, et tu décideras.

NISIDA.

Ah! mon père.... Je vous écoute.

(*Ils s'asseyent.*)

ARLEQUIN.

Ma chère amie, j'ai toujours été un honnête homme; mais je n'ai pas toujours été de ceux que l'on appelle les honnêtes gens; car les gens riches sont convenus de s'appeler ainsi exclusivement. J'étais pauvre, moi, et j'habitais avec ta mère la petite ville de Bergame. Tu n'étais pas encore née, lorsqu'un seigneur français, nommé le comte de Valcourt, vint s'établir dans notre ville, et acheta la maison où nous avions un appartement : il nous le conserva. Il me fit amitié; je le lui rendis du meilleur de mon cœur : au bout de six mois, il ne pouvait plus se passer de moi. Ce comte de Valcourt était un fort bon homme, mais il avait épousé secrètement en France une fort mauvaise femme qui se conduisait très mal. Un beau matin, le comte s'en alla, en laissant à cette femme la moitié de sa fortune pour elle et pour un fils de six mois qu'elle avait, et dont le comte n'a jamais voulu entendre parler. J'ai demeuré douze ans avec ce monsieur de Valcourt dans la plus tendre intimité; il y en a onze qu'il est mort, et qu'il m'a fait héritier de tout le bien qu'il avait apporté en Italie.

NISIDA.

Je n'en suis pas étonnée.

ARLEQUIN.

Tant que j'avais été pauvre, j'avais été heureux; sitôt que je fus riche, les chagrins vinrent : je perdis ta pauvre mère et tes deux frères. Tout cela me fit prendre mon pays en aversion : je réalisai mon bien, et je vins m'établir à Paris avec toi, qui n'avais pas alors plus de six ans. Je plaçai bien mon argent; mes fonds sont à peu près doublés depuis dix ans : de sorte, ma chère fille, que j'ai, ou, pour mieux dire, tu as soixante mille livres de rente qui ne doivent rien à personne. Cela est fort joli. Mais si je venais à mourir, tu te trouverais seule, étrangère, sans famille, sans appui, dans la ville la plus dangereuse du monde, et dans un âge où la plus légère étour-

SCÈNE IX.

derie ferait le malheur du reste de tes jours. Voilà pourquoi, ma chère fille, je voudrais te voir mariée à un homme estimable, considéré, comme le marquis d'Yrville, qui ne sera occupé que de te rendre heureuse, et remplacera du moins ton pauvre père, qui se fait déjà bien vieux. Voilà mes raisons, ma chère amie; et, si tu n'as pas de répugnance pour le marquis, je te demande comme une grâce d'assurer ton bonheur après moi.... Tu pleures! tu ne me réponds pas!

NISIDA.

Ah! mon père, je ferai ce que vous voudrez : mais si vous pouviez lire dans mon cœur, si j'avais la force de vous dire......

ARLEQUIN.

Quoi, ma fille! as-tu quelque secret pour moi? Cela ne serait pas juste; je n'en eus jamais pour ma Nisida.

NISIDA.

Jamais, jamais : je le sais bien; mais.....

ARLEQUIN.

Est-ce ma qualité de père qui te fait peur? Oh! tu peux en sûreté me confier ce que tu voudras, je te réponds que ton père n'en saura rien.

NISIDA.

Non, je ferai mon devoir; j'en aurai la

force; moins vous ordonnez, plus je veux obéir. Mais j'ai deux grâces à vous demander; elles sont importantes, elles sont nécessaires au repos de ma vie : c'est de différer ce mariage, et de me mettre au couvent.

ARLEQUIN.

Au couvent!

(Ils se lèvent.)

NISIDA.

Oui, mon père, j'en ai besoin; j'ai besoin de solitude et de réflexion.

ARLEQUIN.

Tu n'y penses pas, Nisida; toi au couvent! cela est bon pour les filles que leurs pères n'ont pas le temps d'aimer. Eh! que deviendrais-je quand je ne te verrais plus? Ma chère enfant, d'où peut te venir une résolution si cruelle pour moi? Ton cœur s'est-il donné? Aimes-tu quelqu'un?

NISIDA, *se cachant le visage.*

Oui.... mon père.

ARLEQUIN.

Hé bien, voilà un grand malheur! Tu n'as qu'à me le nommer, je m'en vais l'aimer aussi.

NISIDA.

Ah! il m'est impossible de le nommer sans rougir.

SCÈNE IX.

ARLEQUIN.

Tu ne peux pas rougir avec moi : ne suis-je pas ton père ? ton honneur n'est-il pas le mien ? ouvre-moi ton cœur, ma fille ; peut-être à nous deux nous viendrons à bout de te rendre heureuse.

NISIDA.

Hé bien, mon père, apprenez ce que j'ai voulu cent fois me cacher à moi-même ; guérissez-moi d'une passion que je combats sans cesse, et qui renaît toujours plus violente. J'aime.... J'aime....

ARLEQUIN.

Qui donc ?

NISIDA.

Cléante.

ARLEQUIN.

Mon secrétaire !

NISIDA.

Il n'est pas fait pour l'être, j'en suis sûre ; mais je n'en sens pas moins tout le malheur de mon choix. Je ne vous demande que de me secourir, et j'ose vous répondre que je surmonterai cet invincible penchant. Eloignez-moi de Cléante ; j'espère tout de mon courage ; du temps, et surtout de l'absence.

ARLEQUIN, *après un silence.*

As-tu confié ce secret à quelqu'un ?

NISIDA.

Comment pouvez-vous le penser, puisque vous ne le saviez pas?

ARLEQUIN.

Il est vrai; j'ai tort. Ecoute-moi, je n'ai pas oublié que je ne vaux pas mieux que Cléante; et si j'étais encore en Italie, où tout le monde sait qui je suis, je n'hésiterais pas à te le donner : mais ici, où, par amour pour toi, j'ai fait la sottise d'avoir de la vanité, cela devient plus difficile. Cependant....

NISIDA.

Non, mon père, non; c'est à moi de mettre des bornes à votre excessive bonté. Plus vous faites pour moi, plus je dois faire pour vous. Je surmonterai ma passion, je l'immolerai au bonheur de votre vieillesse. Eloignez-moi de Cléante, je vous le demande, je vous en supplie; donnez-moi du temps..... et j'épouserai le marquis d'Yrville.

ARLEQUIN.

Tu n'épouseras point le marquis d'Yrville; mais il faut essayer de te guérir. Tu es bien malade, mon enfant, je serai ton médecin; et si les remèdes te font trop de mal, nous les cesserons tout de suite : c'est t'en dire assez. Adieu; laisse-moi, et viens m'embrasser encore.

SCÈNE IX.

NISIDA, *l'embrassant.*

Ah! je ne le verrai plus!

(*Elle sort en pleurant.*)

SCÈNE X.

ARLEQUIN, *seul.*

Je suis bien malheureux : je vais affliger ma fille : mais il faut pourtant bien la sauver. Holà, quelqu'un.

(*Nérine paraît.*)

SCÈNE XI.

ARLEQUIN, NÉRINE.

ARLEQUIN.

Dites à Cléante que je veux lui parler.

NÉRINE.

Est-ce pour le gronder, monsieur?

ARLEQUIN.

Faites ce que je vous dis.

NÉRINE.

C'est que vous avez un air....

ARLEQUIN.

Allons, je vois bien que vous ne voulez pas y aller; je vais l'appeler moi-même.

NÉRINE.

J'y vais, j'y vais, monsieur. (*A part.*) Jamais je ne l'ai vu si en colère.

SCÈNE XII.

ARLEQUIN, seul.

Je n'aurai jamais la force de lui donner son congé : cependant il est nécessaire qu'il s'en aille ; cela est impossible autrement. Ce pauvre garçon ! C'est ma faute aussi d'avoir pris chez moi un jeune homme charmant qui doit tourner la tête à toutes les femmes qui le verront. Je ne sais comment il arrive qu'avec la meilleure intention du monde je fais toujours tout de travers.... Le voici ; je n'oserai jamais le prier de s'en aller.

SCÈNE XIII.

ARLEQUIN, CLÉANTE, NÉRINE.

CLÉANTE.

Vous m'avez demandé, monsieur ?

ARLEQUIN.

Oui, mon ami ; j'ai à te parler : il faut même que nous soyons seuls. Laisse-nous, Nérine.

NÉRINE, à part.

Que signifie tout ceci ?

(Elle reste.)

ARLEQUIN.

Mon ami, je suis fort embarrassé..... (*A Nérine.*) Je t'ai déjà dit de t'en aller, Nérine.

NÉRINE.

Je le sais, monsieur.

ARLEQUIN.

Hé bien, que fais-tu là ?

NÉRINE.

Vous le voyez bien, monsieur, je m'en vais.

(*Elle sort.*)

SCÈNE XIV.

ARLEQUIN, CLÉANTE.

ARLEQUIN.

Mon cher ami, je ne sais comment t'apprendre une nouvelle qui te fera de la peine, et qui m'afflige beaucoup aussi.

CLÉANTE.

Je n'ai jamais été gâté par la fortune, aucun revers ne peut m'étonner.

ARLEQUIN.

J'avais espéré que nous ne nous quitterions jamais, et que ton mariage avec Nérine te fixerait dans ma maison pour toujours : mais tout est changé.

CLÉANTE.

S'il n'y a que ce mariage de rompu, je suis

trop vrai pour vous cacher qu'il ne pouvait avoir lieu.

ARLEQUIN.

Hélas! je me suis donc trompé dans cela comme dans bien d'autres choses. Mais ce qui me coûte le plus à te dire, ce qui me cause le plus de chagrin, c'est que je suis forcé de te demander un service.

CLÉANTE.

Ah! monsieur, ordonnez, parlez, que faut-il faire?

ARLEQUIN.

J'en suis bien fâché, j'en suis désespéré; mais il faut que tu aies la bonté de t'en aller.

CLÉANTE.

De quitter votre maison?

ARLEQUIN.

Oui, mon cher ami.

CLÉANTE.

Ai-je eu le malheur de vous déplaire?

ARLEQUIN.

Au contraire, je t'ai voué la plus tendre amitié; je ne sais comment je ferai pour me passer de ta société: ton esprit, ton travail me sont agréables et nécessaires; je t'estime, je t'aime, je sens mieux que personne tout ce que tu vaux; mais, quoi qu'il puisse m'en

SCÈNE XIV.

coûter, il faut, mon cher ami, que tu t'en ailles.

CLÉANTE.

Ai-je offensé quelqu'un dans votre maison ? vous a-t-on fait quelque plainte ?

ARLEQUIN.

Pour cela il s'en faut bien ; tu es doux, serviable, toujours prêt à obliger ; tu n'as de querelle avec personne que pour lui éviter de la peine ; aussi tout le monde s'intéresse à toi, tout le monde t'estime et te chérit : hélas ! c'est à cause de cela qu'il faut, mon cher ami, que tu t'en ailles.

CLÉANTE.

Permettez-moi de vous représenter, monsieur, que tout ce que vous me dites a l'air de la plus cruelle ironie. Vous êtes le maître de me faire quitter votre maison ; mais pourquoi m'insulter en me rendant malheureux ! Mon respect, ma tendresse pour vous, ne méritaient pas ce traitement, et je ne devais pas m'attendre....

ARLEQUIN.

Moi, t'insulter, mon cher ami ! comment peux-tu l'imaginer ? Je te répète que je t'estime comme moi-même ; que je donnerais la moitié de mon bien pour passer ma vie avec toi ; que tu m'as inspiré, dès le premier jour où je t'ai vu, une amitié, un attachement, qui m'arrachent des larmes dans ce moment-ci, parce qu'enfin il faut que tu t'en ailles, vois-tu..... il le faut absolument. J'en pleure, mais il le faut. Laisse-moi t'embrasser pour la derniere fois. (*Il l'embrasse en sanglotant.*) Adieu, mon ami, mon bon ami ; je te regretterai toute ma vie : mais va-t'en le plus tôt que tu pourras. Adieu, adieu : compte sur moi pour toujours, mais que je ne te revoie plus.

(*Il sort en pleurant.*)

SCÈNE XV.

CLÉANTE, seul.

Que signifient ces pleurs et ce congé, ces protestations de tendresse et l'ordre de quitter sa maison ? Suis-je découvert ? me suis-je perdu ? Ah ! je ne sais rien, si ce n'est que je suis le plus malheureux des hommes.

SCÈNE XVI.

CLÉANTE, NÉRINE.

NÉRINE.

Que s'est-il donc passé ? Monsieur Arlequin vient de rentrer chez lui tout en larmes, et il m'a dit de venir vous consoler.

SCENE XVI.

CLÉANTE.

Il m'a ordonné de quitter sa maison dès ce moment, m'a embrassé, m'a juré une éternelle amitié, et m'a défendu de reparaître ici.

NÉRINE.

Je n'y comprends rien. Et qu'allez-vous faire ?

CLÉANTE.

Obéir, Nérine. Je n'y survivrai pas, mais je partirai. Ah! du moins, puis-je compter que tu parleras quelquefois de moi à ta maîtresse ? Tu connais mon cœur, tu pourras lui répondre que jamais on ne l'aimera comme je l'aime ; tu lui raconteras tout ce que j'ai fait, tout ce que j'ai pensé, tout ce que j'ai souffert pour elle ; peut-être donnera-t-elle quelques larmes à mon sort.

NÉRINE, *pleurant*.

Hélas! que nous sommes malheureux! D'abord vous pouvez compter sur moi jusqu'à la mort.

CLÉANTE.

Tu es la seule dans le monde qui se soit intéressée à moi. Un de mes plus grands malheurs, c'est de ne pouvoir reconnaître ton amitié : prends du moins ce diamant ; c'est le seul bien que m'a laissé ma mère, le seul dont je puis disposer; jamais il ne m'a été si cher que dans ce moment où je peux te l'offrir.

NÉRINE.

Eh, monsieur! je n'ai pas besoin de diamant, et j'ai besoin de vous voir heureux. Ne vous en allez pas; dites qui vous êtes : que risquez-vous ? Tout est perdu, vous n'avez rien à ménager.

CLÉANTE.

Si je me découvre, Nérine, crois-tu que Nisida et son père me pardonnent de m'être introduit ici ? Ils m'accableront de leur colère, au lieu que j'emporte peut-être leur pitié. Cependant....

SCÈNE XVII.

ARLEQUIN, CLÉANTE, NÉRINE.

ARLEQUIN, *un papier à la main.*

JE te demande pardon, mon cher ami, de venir te tourmenter encore; mais la douleur de te perdre m'avait tellement troublé la cervelle, que je n'ai pas songé à t'offrir une légère marque d'amitié. Prends ce billet, mon pauvre Cléante, et regarde-le, non comme la récompense de tes services, mais comme le bienfait de ton ami.

SCÈNE XVII.

CLÉANTE.

Eh quoi, monsieur! vous me mettez au désespoir en m'assurant que vous m'aimez; vous me punissez en me disant que je suis innocent, et vous venez m'offrir des secours! Non, monsieur, je ne peux pas les accepter.

ARLEQUIN.

Ah! Cléante, ce n'est pas bien, et je ne mérite pas ce refus.

CLÉANTE.

Il m'est affreux de vous déplaire; le ciel m'est témoin que rien au monde ne m'est cher au prix de votre amitié : mais une raison invincible me défend d'accepter vos bienfaits.

ARLEQUIN.

Quelle est cette raison? Il ne peut pas y en avoir de bonnes pour affliger les gens qui nous aiment.

NÉRINE.

Allons, monsieur, parlez, voilà le moment.

ARLEQUIN.

Que dis-tu, Nérine?

NÉRINE.

Je l'exhorte à vous ouvrir son cœur : votre franchise, votre bonté, doivent l'encourager. D'ailleurs vous avez trop bien aimé madame

Argentine, pour ne pas pardonner les fautes que fait commettre l'amour.

ARLEQUIN.

L'amour!

CLÉANTE.

Oui, monsieur; apprenez tout. Je ne suis point ce que vous croyez. Une passion violente, profonde, pour mademoiselle votre fille, s'est emparée de moi depuis plus d'un an : désespérant de m'introduire chez vous, je me suis présenté pour être votre secrétaire. Voilà mes crimes, punissez-moi.

ARLEQUIN.

Comment! vous avez abusé de ma crédulité pour venir séduire ma fille, pour oser.....

NÉRINE.

Ah! monsieur, je suis témoin qu'il ne lui a jamais parlé d'amour.

ARLEQUIN.

En a-t-il moins risqué de la perdre de réputation? Si l'on sait, comme il est impossible que l'on ne le sache pas, que vous avez passé six mois dans ma maison avec la liberté de voir, de parler à ma fille à toute heure, qui voudra croire au respect que vous avez eu pour elle? Ma pauvre Nisida sera punie de la faute que vous avez seul commise. Et voilà le prix de l'amitié que j'avais pour vous! vous

SCÈNE XVII.

déshonorez ma vieillesse, vous rendez ma fille malheureuse, vous empoisonnez mes derniers jours, tandis que je ne m'occupais que de rendre les vôtres heureux !

CLÉANTE.

L'amour seul fait mon excuse; et cet amour...

ARLEQUIN.

Ingrat que vous êtes ! pourquoi ne pas me le dire ! pourquoi préférer la peine de me tromper au plaisir de m'ouvrir votre cœur ?

CLÉANTE.

Vous ne m'auriez pas permis de l'aimer.

ARLEQUIN.

Quel était donc votre espoir ?

CLÉANTE.

De vous plaire en vivant avec vous, de m'attirer votre estime et vos bontés, d'attendre, en vous aimant, que votre cœur me jugeât digne d'être aimé ; et quand, à force de respect et de tendresse, j'aurais été certain d'un peu d'amitié, alors je n'aurais pas craint de vous découvrir mes sentimens; alors ma pauvreté, mes malheurs, tout ce qui m'empêchait de parler, seraient devenus des motifs d'espérance : je vous aurais raconté mes chagrins; votre âme sensible se serait émue, vous auriez écouté l'aveu de mon amour, non comme le père de Nisida, mais comme l'ami d'un malheureux.

ARLEQUIN.

Qui êtes-vous donc ? Parlez, expliquez-vous.

CLÉANTE.

Je suis le fils d'un homme de qualité, et j'ai payé bien cher ce funeste avantage. Abandonné par mon père dès les premiers jours de ma vie, victime des fautes d'une mère qui dissipa tout le bien qu'on lui avait laissé pour moi, je me suis trouvé dans le monde à l'âge où l'on a tant besoin de ses parens, sans fortune, sans guide, sans appui, seul, isolé dans la nature, n'ayant pour tout bien que la connaissance de mes malheurs, et n'osant pas même porter le nom d'un père qui m'avait ôté sa tendresse avant que j'eusse vu le jour.

NÉRINE.

Monsieur, vous vous attendrissez....

ARLEQUIN.

Point du tout, mademoiselle.... Eh bien ?

CLÉANTE.

Ce n'est pas tout. A l'instant où un ancien ami de mon père était prêt à s'employer auprès de lui pour m'obtenir la permission de l'aller embrasser, et c'eût été la première fois de ma vie, nous apprîmes que mon père était mort

SCENE XVII.

en Italie, et qu'il avait laissé toute sa fortune à un étranger.

ARLEQUIN.

A un étranger ! Quel soupçon !

CLÉANTE.

Voilà sur quoi je fondais l'espérance de vous intéresser un jour. Cette fatale illusion m'empêcha de sentir que je vous offensais. Ah! du moins ne me refusez pas mon pardon, c'est à vos genoux que je le demande. (*Il se met à genoux.*)

ARLEQUIN, *ému.*

Répondez-moi : comment s'appelait votre père ?

CLÉANTE.

Le comte de Valcourt.

ARLEQUIN.

Le comte de Valcourt !

CLÉANTE.

Oui, monsieur : j'ai les preuves.

ARLEQUIN.

O ciel ! vous le fils de mon bienfaiteur !..... Ah ! relevez-vous, monsieur, relevez-vous ; c'est moi qui vous dois du respect.

CLÉANTE

Quoi ! vous l'avez connu ?

ARLEQUIN.

Si je l'ai connu ! Et vous êtes son fils ! Ah !

mon ami (*il embrasse Cléante*), mon cher ami, je dois tout à votre père, je l'ai aimé pendant quinze ans; c'est moi qu'il a fait héritier de toute sa fortune. Grâce au ciel, c'est moi qui ai tout votre bien : et c'est fort heureux pour vous, mon cher ami, car je vais vous le rendre ; il est à vous, votre père n'a pu me le donner.

(*Nisida arrive.*)

SCENE XVIII.

ARLEQUIN, CLÉANTE, NISIDA, NÉRINE.

ARLEQUIN.

Viens, ma fille. Voilà le fils de celui qui nous avait laissé sa fortune; voilà celui à qui appartient tout ce que nous possédons. Nous étions riches ce matin, mon enfant ; nous allons être pauvres : mais il le faut bien, car sans cela nous ne serions plus honnêtes gens.

CLÉANTE.

Comment ! que dites-vous ? Je n'ai rien à prétendre : le mariage de mon père ne fut jamais déclaré; et la loi....

ARLEQUIN.

Que me fait la loi quand mon cœur parle ? vous voyez bien qu'il me crie que votre bien n'est pas à moi. Comment ! je serais riche, et

SCÈNE XVIII.

le fils de mon bienfaiteur serait pauvre ! Non, mon ami ; non monsieur : je vais tout vous rendre. Mais je vous supplie d'assurer de quoi vivre à ma fille ; je mourrais de douleur si je la laissais dans l'indigence ; et, puisque vous êtes le fils du comte de Valcourt, vous ne le souffrirez pas.

CLÉANTE.

Votre fille ! ô ciel ! Hé bien, oui, je reprends ma fortune, mais c'est pour la mettre à ses pieds. Et vous, digne et vertueux homme, qui n'hésitez pas à vous dépouiller de vos biens dans la crainte de me voir malheureux, je le serai toute ma vie ; et vous n'avez rien fait pour moi, si vous me refusez votre fille !

ARLEQUIN.

Quoi ! vous voudriez ?

CLÉANTE.

Je veux retrouver mon père ; vous seul pouvez le remplacer.

ARLEQUIN.

Mais je ne demande pas mieux, et je vais même te dire un secret qui te fera plus de plaisir que d'avoir retrouvé ta fortune *(à voix basse)* ; c'est que je ne te renvoyais de chez moi que parce qu'elle m'avait avoué qu'elle était folle de toi. Ne lui dis pas que je te l'ai répété.

CLÉANTE.

Ah! Nisida, vous m'aimez donc?

NISIDA.

Heureusement je l'ai dit ce matin.

NÉRINE.

Grâce au ciel, tout est arrangé ; et j'en pleure de joie.

ARLEQUIN.

Ma chère Nérine, tu vois bien que je ne peux plus te donner Cléante selon mes premiers projets ; mais tu nous permettras de doubler la dot que je te destinais, et tu resteras avec nous pour être la bonne amie de la famille. Quant à vous, mes enfans, vous allez être unis, et vous serez sans doute heureux : mais souvenez-vous bien qu'aucun plaisir dans le monde ne vaut celui de faire son devoir d'honnête homme et de bon père.

FIN DU BON PÈRE.

JEANNOT ET COLIN,

COMÉDIE

EN TROIS ACTES ET EN PROSE;

Représentée pour la première fois sur le théâtre italien, le 14 novembre 1780.

PERSONNAGES.

Jeannot, marquis.
Colin, bourgeois.
Colette, sœur de Colin.
La mère de Jeannot, marquise.
La comtesse d'Orville.
Durval, gouverneur du marquis.
L'épine, valet du marquis.
Un maître-d'hôtel.

La scène est à Paris, dans le salon de la marquise.

JEANNOT ET COLIN,
COMÉDIE.

ACTE PREMIER.

SCÈNE I.
COLIN, COLETTE L'ÉPINE.

L'ÉPINE.

Il est à peine jour chez madame la marquise; attendez dans ce salon : je vous avertirai lorsque vous pourrez voir madame.

COLIN.

Vous voudrez bien lui dire que ce sont deux personnes pour qu'elle avait de l'amitié dans le temps qu'elle demeurait en Auvergne. Si elle vous demande leurs noms, vous direz que c'est Colin et Colette : elle s'en souviendra sûrement.

L'ÉPINE.

Monsieur Colin et mademoiselle Colette qu'elle a connus en Auvergne : cela suffit.

(*Il sort.*)

SCÈNE II.

COLIN, COLETTE.

COLETTE.

Comme tout ceci est magnifique! Jeannot ne nous reconnaîtra plus ; il est devenu trop riche pour se souvenir de ceux qui l'ont vu pauvre.

COLIN.

Il serait donc bien changé, ma sœur : il était si bon, si sensible, lorsque nous habitions ensemble notre petite ville! A peine y a-t-il un an qu'il nous a quittés ; il faut plus d'un an pour corrompre un cœur honnête.

COLETTE.

L'amour aurait dû préserver le sien : mais il ne m'aime plus, j'en suis bien sûre. Te souviens-tu de la manière dont il me quitta lorsque sa mère l'envoya chercher en Auvergne? Comme il fut enivré de sa nouvelle fortune, et d'entendre ses domestiques l'appeler monsieur le marquis! Il nous dit adieu presque sans pleurer ; il monta dans sa brillante voiture sans retourner la tête vers moi, que tu soutenais à peine, et dont les yeux le suivirent..... même quand je ne le vis plus. Mon frère, il a oublié la malheureuse Colette!

il ne pense plus aux sermens que nous nous sommes faits de n'être jamais que l'un à l'autre ; sermens qu'il a écrits, que je conserve, et que je lui rendrai ; ces écritures-là perdent tout leur prix quand on ne les lit plus ensemble.

SCÈNE III.

COLIN, COLETTE, L'ÉPINE.

L'ÉPINE.

Madame la marquise s'habille ; elle vous fait dire que, si vous voulez la voir, vous preniez la peine d'attendre.

COLIN.

Nous attendrons. Monsieur le marquis son fils est-il chez lui ?

L'ÉPINE.

Non : il est sorti de grand matin.

COLIN.

A quelle heure pourrions-nous le trouver ?

L'ÉPINE.

Il n'est pas habillé ; ainsi revenez à une heure, vous pourrez peut-être lui parler.

COLIN.

Nous reviendrons sûrement.

COLETTE.

Monsieur, c'est un bien grand seigneur que monsieur le marquis ?

L'ÉPINE.

Sûrement, mademoiselle; c'est mon maître. Sans vanité, c'est l'homme le plus aimable de Paris : toutes les jolies femmes se le disputent, et ne sont occupées que de lui plaire; je ne doute pas qu'un de ces jours il ne fasse un très grand mariage, et que....

COLIN.

Vous voudrez bien nous avertir lorsque nous pourrons voir madame.

L'ÉPINE.

Oui, oui; soyez tranquilles. (*Il sort.*)

SCÈNE IV.

COLIN, COLETTE.

COLIN.

Du courage, ma sœur! Tu as voulu me suivre à Paris pour t'assurer par toi-même de l'infidélité de Jeannot : nous allons le voir, nous allons le juger; s'il a cessé de t'aimer, ton mépris pour lui doit te rendre à toi-même et à la raison.

COLETTE.

Ah! mon frère, si vous saviez combien il en coûte pour mépriser celui qu'on aime!

COLIN.

Il m'en coûterait autant qu'à toi; mon

amitié pour Jeannot est aussi vive que ton amour. Je ne me dissimule pas ses torts : depuis six mois ses lettres sont devenues plus rares et moins tendres : mais il est bien jeune; il a été transporté tout d'un coup d'une vie simple et paisible dans le tourbillon du monde et de ses plaisirs, il peut s'être laissé enivrer malgré lui ; ne le jugeons pas sans l'avoir vu. Plus nous l'aimons, plus nous avons besoin de preuves pour cesser de l'estimer.

COLETTE.

Il est vrai qu'il sera toujours assez temps de le haïr.

COLIN.

Sa mère m'inquiète plus que lui; elle ignore les engagemens de son fils avec toi; et l'on dit que son immense fortune lui a donné un orgueil insupportable.

COLETTE.

Mais comprends-tu cette fortune acquise en si peu de temps? A peine y a-t-il quatre ans que la mère de Jeannot habitait notre petite ville. Elle était alors une simple bourgeoise bien moins riche que nous : mon père ne trouvait pas son fils un assez bon parti pour moi. Madame la marquise n'était pas marquise alors; et quand nous allions la voir, elle ne nous faisait pas attendre.

COLIN.

Que veux-tu, Colette, elle a fait fortune. Il n'y a rien à répondre à ce mot-là.

COLETTE.

Explique-moi ce que c'est que faire fortune. Comment des gens qui n'ont rien parviennent-ils à avoir quelque chose? Ils prennent donc à ceux qui en ont?

COLIN.

Pas toujours. Ce matin j'ai vu quelqu'un de notre ville établi ici depuis long-temps; il m'a raconté comment la mère de Jeannot avait acquis ses richesses. Tu te souviens qu'elle fut obligée de venir à Paris pour des affaires. Elle y trouva un de ses parens, immensément riche, qui la prit en amitié, et la fit jouir de sa fortune : ce parent est mort il y a six mois, et lui a laissé tout son bien.

COLETTE.

Ce parent avait bien affaire de lui laisser son bien! il est cause que j'ai perdu le mien.

COLIN.

La voici.

SCÈNE V.

COLIN, COLETTE, LA MARQUISE.

LA MARQUISE.

Eh! bonjour, mes enfans; je ne m'attendais guère à votre visite. Par quel hasard êtes-vous à Paris?

COLIN.

Les affaires de mon commerce m'y ont appelé, madame; ma sœur a voulu être du voyage. Nous sommes ici pour bien peu de temps; mais nous n'en partirons point sans avoir vu notre bon ami Jean.. .. monsieur le marquis.

LA MARQUISE, à part.

Son bon ami! l'impertinent! (*Haut.*) Mon fils est sorti, je crois.

COLIN.

Oui, madame; on nous l'a dit : nous ne sommes pas fâchés que notre première visite soit pour vous toute seule.

LA MARQUISE.

Comment, Colin! tu me fais des complimens! Mais dis-moi ce que tu viens faire ici. Je m'en doute; tu as compté sur ma protection : si je le peux, je te rendrai service. Et ton vieux père, comment se porte-t-il?

COLIN.

J'ai eu le malheur de le perdre, madame : je suis à présent à la tête de sa manufacture ; et mes affaires vont assez bien pour que je ne sois venu chercher dans votre maison que le plaisir de vous voir.

LA MARQUISE.

Tant mieux pour toi, mon enfant. Ta sœur a l'air bien triste. Paris ne la réjouit pas.

COLETTE.

Non, madame : j'espère le quitter bientôt.

LA MARQUISE.

Vous ferez bien; cette ville-ci est dangereuse à votre âge. Adieu : je ne me gêne pas avec vous, j'ai besoin d'être seule : nous causerons plus long-temps une autre fois.

(*Colin et Colette la saluent : elle leur fait un signe de tête.*)

COLIN, *à part.*

Dieu veuille que son fils ne lui ressemble pas !

(*Ils sortent.*)

SCÈNE VI.

LA MARQUISE, *seule.*

L'IMPORTANCE de monsieur Colin est plaisante !.. Holà ! quelqu'un.

SCÈNE VII.
LA MARQUISE, L'EPINE.

LA MARQUISE.

Allez savoir des nouvelles de madame la comtesse d'Orville : vous lui demanderez si elle nous fera l'honneur de venir dîner avec nous; vous lui direz que nous serons seuls pour pouvoir parler d'affaires. Sachez auparavant si le gouverneur de mon fils est ici.

L'ÉPINE.

Le voilà, madame.

(Il sort.)

SCÈNE VIII.
LA MARQUISE, DURVAL.

LA MARQUISE.

Je vous croyais sorti, monsieur Durval.

DURVAL.

Je n'ai pas voulu suivre monsieur le marquis, de peur que madame n'eût besoin de moi pendant ce temps-là.

LA MARQUISE.

J'ai toujours besoin de vos conseils, vous le savez bien : depuis que je vous ai confié l'éducation de mon fils, je n'ai rien fait sans votre avis, heureusement pour moi.

DURVAL.

Mon zèle et mon attachement m'ont tenu lieu de lumières.

LA MARQUISE.

J'ai un grand secret à vous confier. Je vais marier le marquis. Vous savez combien je suis liée avec la comtesse d'Orville; c'est une veuve, jeune, jolie, et d'une des premières maisons du royaume; elle est cousine du ministre. Madame d'Orville, par amitié pour moi, et pour achever de liquider ses biens, épouse le marquis, et lui apporte pour dot la promesse d'un régiment. J'ai conclu hier ce mariage. Vous ne pensez pas que mon fils y ait la moindre répugnance?

DURVAL.

Madame, je craindrais que le mot de mariage n'effrayât son goût trop vif pour l'indépendance et la dissipation : mais le plaisir d'être colonel l'emportera sur tout.

LA MARQUISE.

Je l'espère, monsieur Durval. Ce n'est pas la seule affaire qui m'occupe : avez-vous été chez mon avocat?

DURVAL.

Oui, madame; votre procès est sur le point d'être jugé : mais il m'a chargé de vous répéter que vous n'aviez rien à craindre.

ACTE I, SCÈNE VIII.

LA MARQUISE.

Je suis tranquille : quoique ce procès soit important, je n'ai pas voulu en parler à madame d'Orville, par la certitude où je suis de le gagner.

DURVAL.

Je reconnais bien là madame la marquise; son amitié prudente sait épargner des alarmes inutiles.

LA MARQUISE.

Je suis bien aise que vous pensiez comme moi. Sans vous, M. Durval, je ne serais jamais sûre de rien. Voici mon fils, je vais lui faire part de tous mes projets.

SCÈNE IX.

LA MARQUISE, LE MARQUIS, DURVAL.

LE MARQUIS.

Bonjour, ma mère, je viens d'acheter le plus joli cabriolet du monde : s'il m'était resté de l'argent, j'aurais pu avoir le plus beau cheval de Paris : mais les barbares n'ont pas voulu me faire crédit.

LA MARQUISE.

Mon ami, j'ai à te parler d'affaires sérieuses.

LE MARQUIS, *riant*.

Vous m'effrayez, ma mère.

LA MARQUISE.

Serais-tu bien aise d'être colonel?

LE MARQUIS.

Colonel! Ce serait le bonheur de ma vie. J'aurais tant de plaisir à rejoindre mon régiment! Le manége, les manœuvres, tout cela doit être charmant. On passe l'été dans une ville de guerre; l'hiver, on revient à Paris jouir des plaisirs de la capitale : on a l'air de se reposer; et l'on s'est toujours diverti.

LA MARQUISE.

Hé bien, tu connais la comtesse d'Orville; j'ai arrêté ton mariage avec elle. (*Le marquis rêve.*) Elle se charge de t'avoir une compagnie de dragons dès aujourd'hui, et la promesse d'un régiment aussitôt que tu auras l'âge. Voilà nos conditions; j'ai répondu de ton aveu.

DURVAL.

Ah! quelle mère vous avez, monsieur le marquis!

LA MARQUISE.

A quoi pensez-vous donc, mon fils?

LE MARQUIS.

A tout ce que je vous dois, ma mère : chaque événement heureux qui m'arrive est toujours un bienfait de vous. J'aurais désiré ne pas me marier encore....

LA MARQUISE.

Mon ami, c'est à ce mariage que tu devras ta fortune : le mérite n'est rien sans protection. D'ailleurs ma parole est donnée, tout est arrangé, et j'ai déjà commandé tes habits de noces.

SCÈNE X.

LE MARQUIS, LA MARQUISE, DURVAL, L'ÉPINE.

L'ÉPINE.

MADAME la comtesse d'Orville remercie madame; elle aura l'honneur de venir dîner avec elle aujourd'hui.

LA MARQUISE.

C'est bon.

(*L'Épine sort.*)

SCÈNE XI.

LE MARQUIS, LA MARQUISE, DURVAL.

LA MARQUISE.

C'EST pour dîner avec toi, et pour causer de nos affaires : afin de n'être point dérangés, je vais faire fermer ma porte........ A propos, j'oubliais de te parler d'une visite que je viens d'avoir, et que tu auras sûrement.

LE MARQUIS.

Qui donc?

LA MARQUISE.

Devine.

LE MARQUIS.

Comment voulez-vous que je devine? Ce ne sont pas encore les officiers du régiment que j'aurai?

LA MARQUISE.

Non : c'est Colin et Colette.

LE MARQUIS, *ému.*

Colette?

LA MARQUISE.

Oui, Colin et Colette d'Auvergne, cette petite Colette dont tu me parlais tant dans les commencemens de ton séjour ici.

LE MARQUIS.

Ils sont à Paris?

LA MARQUISE.

Eh oui, je les ai vus. Quel air as-tu donc? Cela t'attriste?

LE MARQUIS.

Non, ma mère. Vous ont-ils parlé de moi?

LA MARQUISE.

Beaucoup : ils t'appellent leur cher ami.

DURVAL.

Oserai-je demander à madame la marquise ce que c'est que ce Colin et cette Colette?

LA MARQUISE.

Colin est un petit bourgeois qui venait profiter des maîtres de mon fils lorsque nous habitions l'Auvergne.... Mais madame d'Orville arrivera de bonne heure; il est temps de vous habiller, mon fils : je vous laisse. M. Durval, voulez-vous me rendre un service? J'ai des papiers intéressans que mon procureur devait venir prendre : allez le voir, je vous en prie; vous les lui porterez. Je vous demande pardon si....

DURVAL.

Madame, en m'employant pour vous, c'est m'obliger à la reconnaissance.

(*Ils sortent.*)

SCÈNE XII.

LE MARQUIS, *seul.*

COLETTE est ici! je vais la revoir, Colette que j'ai tant aimée.... qui m'aime encore, j'en suis sûr! Et dans quel moment revient-elle! Je ne la verrai point, je ne pourrais soutenir ses reproches ; tout mon amour renaitrait peut-être, et je serais le plus malheureux des hommes.... Que dirait ma mère, ma mère à qui je dois tout?... je la ferais mourir de douleur. Non, Colette, non, je ne vous verrai point : l'émotion que votre nom seul m'a causée me fait trop sentir qu'il ne faut pas vous revoir.

SCÈNE XIII.

LE MARQUIS, L'ÉPINE.

L'ÉPINE.

Monsieur le marquis veut-il s'habiller?

LE MARQUIS.

Ecoute, L'Epine : as-tu vu ce jeune homme qui est venu ce matin avec sa sœur?

L'ÉPINE.

Qui? monsieur Colin et mademoiselle Colette?

LE MARQUIS.

Tu leur as parlé?

L'ÉPINE.

Oui : monsieur Colin m'a demandé quand il pourrait vous voir; je lui ai dit de revenir à une heure.

LE MARQUIS.

Vous avez mal fait. S'ils reviennent, L'Epine, tu leur diras que je n'y... Ah! que cette visite m'inquiète et m'embarrasse!

ACTE I, SCÈNE XIII.

L'ÉPINE.

Que faudra-t-il leur dire?

LE MARQUIS.

C'est Colin qui m'a demandé? Elle n'a rien dit, elle?

L'ÉPINE.

Qui? sa sœur?

LE MARQUIS.

Hé oui.

L'ÉPINE.

Oh, non, elle était si triste! Elle m'a seulement demandé si vous étiez un grand seigneur. Je crois, monsieur, que cette fille-là vient implorer votre protection pour quelque malheur qui lui est arrivé; car en sortant elle était en larmes.

LE MARQUIS.

Elle était en larmes?

L'ÉPINE.

Oui, cela m'a fait peine : elle a un petit air si doux, si intéressant! vous ferez bien de lui rendre service, si vous le pouvez.

LE MARQUIS.

Ah ciel!

L'ÉPINE.

Qu'avez-vous donc monsieur? Je ne vous ai jamais vu si agité.

LE MARQUIS.

Mon pauvre L'Epine, si tu savais combien je crains de la revoir!

L'EPINE.

Qui? mademoiselle Colette?..... Ah! je commence à comprendre; c'est une vieille connaissance que vous voudriez ne plus reconnaître. Hé bien! monsieur, rien n'est si aisé : quand elle reviendra, je lui dirai que vous êtes sorti.

LE MARQUIS.

Non, il serait affreux de me cacher. Je la verrai, je lui parlerai; elle sentira bien qu'il m'est impossible de désobéir à ma mère. Oui, mon ami, j'ai adoré Colette, je lui ai promis de l'épouser : mais Colette est une simple bourgeoise, juge si ma mère consentirait jamais....

L'EPINE.

Madame votre mère! Elle aimerait mieux vous voir mourir que de vous voir déroger. Mais écoutez, monsieur; je crois qu'il y aurait manière de s'arranger. J'ai une morale qui m'a toujours tiré de partout : raisonnons. On ne risque jamais de mal faire en remplissant tous ses devoirs. D'après cela, n'épousez point mademoiselle Colette, parce que ce serait manquer à ce qu'un fils doit à sa mère : ensuite, pour réparer vos torts envers mademoiselle Colette, faites-lui partager votre fortune, donnez-lui une bonne maison ; en un mot....

LE MARQUIS.

Taisez-vous. Je vous chasserais tout à l'heure, si vous connaissiez Colette.

L'EPINE.

Monsieur, je ne dis plus le mot ; mais quand mademoiselle Colette viendra, que lui dirai-je ?

LE MARQUIS.

Je n'en sais rien ; venez m'habiller.

FIN DU PREMIER ACTE.

ACTE SECOND.

SCÈNE I.

LE MARQUIS, *seul, sa montre à la main.*

Il est près d'une heure; Colette ne tardera pas. Chaque minute qui s'écoule augmente mon incertitude. L'Épine....

SCÈNE II.

LE MARQUIS, L'EPINE.

L'ÉPINE, *dans la coulisse.*
Monsieur.

LE MARQUIS.
Eh! venez donc.

L'ÉPINE, *paraisssant.*
Me voilà, monsieur.

LE MARQUIS.
Elle va venir?

L'ÉPINE.
Oui, monsieur.

LE MARQUIS.
Je ne veux pas la voir : je me perdrais, j'en suis sûr.

L'ÉPINE.

Hé bien, monsieur, restez dans votre appartement ; je la recevrai, moi, je m'en charge.

LE MARQUIS, à part.

Me cacher pour ne pas la voir ! elle à qui j'ai juré tant de fois de l'aimer toute me vie.

L'ÉPINE.

Oh ! si l'on se mettait sur le pied de tenir toutes ces promesses-là, qui diable pourrait y suffire ?

LE MARQUIS, à part.

Et Colin, le bon Colin, qui m'aimait tant, qui m'appelait son frère, qui me serra dans ses bras lorsque je le quittai... voilà l'indigne réception que je lui prépare !

L'ÉPINE.

Monsieur...

LE MARQUIS.

Eh bien ?

L'ÉPINE.

J'entends du bruit ; sauvez-vous : les voilà ; sauvez-vous donc.

LE MARQUIS.

Il n'est plus temps : que devenir ?

(*Colin et Colette paraissent.*)

SCÈNE III.
LE MARQUIS, COLIN, COLETTE, L'ÉPINE.

(*Colin entre le premier; Colette le suit les yeux baissés; le marquis va à Colin sans oser regarder Colette.*)

LE MARQUIS.

Ah! c'est vous, mon cher Colin!

COLIN.

Oui, C'est Colin. Êtes-vous aussi celui que nous venons chercher?

LE MARQUIS, *les yeux baissés.*

Mon cœur est toujours le même.

COLIN.

Nous le désirons bien. Mais faites retirer ce domestique : à présent que vous êtes grand seigneur, nous n'oserons plus vous aimer devant le monde.

LE MARQUIS, *à L'Epine.*

Sortez.

SCÈNE IV.
LE MARQUIS, COLIN, COLETTE.

(*Il se fait un moment de silence.*)

LE MARQUIS, *très embarrassé.*

Ma mère avait oublié ce matin de s'informer de votre demeure; j'en ai été bien fâché.

ACTE II, SCÈNE IV.

COLIN, *l'examinant.*

Puisque nous savions la vôtre, vous étiez sûr de nous voir.

LE MARQUIS.

Ah! je vous vois trop tard.

COLETTE.

Plût au ciel ne l'avoir jamais vu!

(*Il se fait un moment de silence.*)

COLIN.

Vous ne reconnaissez pas ma sœur?

LE MARQUIS.

Je suis le plus malheureux des hommes : je dépends de ma mère, ma fortune est son ouvrage; je lui dois tout, je lui dois même le sacrifice de mon bonheur. Ne me haïssez pas... Ne me méprisez pas... Si vous saviez...

COLIN.

Vous me faites pitié : croyez-moi, terminons un entretien pénible pour tous : vous craignez de nous reconnaître; et nous ne vous reconnaissons plus. Adieu. (*Ils s'en vont.*)

LE MARQUIS.

Arrêtez, je vous supplie.

COLETTE, *retenant Colin.*

Mon frère, il veut vous parler.

LE MARQUIS.

Ayez pitié de moi, Colette; ne m'accablez pas de votre mépris. Oui, je sens bien que je l'ai mérité : la fortune, l'ambition, m'ont aveuglé. J'ai manqué à l'amour, à l'amitié; j'ai désiré de vous oublier, j'ai voulu vous arracher de mon cœur; je le sais, je sais que je n'ai point d'excuse. Mais je me suis vu dans un nouveau monde, j'ai cédé au torrent qui m'entraînait, à l'ascendant que ma mère a sur moi; elle n'était occupée que d'éloigner tout ce qui pouvait rappeler notre ancienne pauvreté; elle me défendit de penser à vous.

COLETTE.

Lorsque autrefois vous étiez pauvre, et que je l'étais moins que vous, mon père me défendit aussi de vous aimer : vous savez comment je lui obéis.

LE MARQUIS.

Ah! croyez que votre image n'a pas quitté mon cœur. Dès que j'ai entendu prononcer votre nom, tout mon amour s'est réveillé; votre présence achève de me rendre à moi-même. En vous parlant, en vous regardant, je redeviens tel que vous m'avez vu : chaque coup-d'œil que vous jetez sur moi me rend une vertu que j'avais perdue; et, dès que vous ouvrez la bouche, mon cœur palpite, comme autrefois quand vous étiez fâchée contre moi, et que j'attendais mon pardon.

COLETTE.

Qu'osez-vous rappeler !

LE MARQUIS.

Nos sermens, notre amour; cet amour si tendre, si vrai, qui nous enflamma dès l'enfance, sans lequel nous ne fîmes jamais un seul projet de bonheur. Souvenez-vous, Colette, de nos premières années, souvenez-vous que les premiers mots que nous avons prononcés ont été la promesse de nous aimer toujours.

COLETTE.

Hélas ! qui de nous deux y a manqué ?

LE MARQUIS.

Ce serait vous, Colette, si vous m'abandonniez à présent, puisque je vous aime, puisque je vous chéris plus que jamais. Le voudriez-vous ? Parlez. Auriez-vous la force de me dire : Jeannot, je ne vous aime plus ?

COLETTE.

Ah ! ces deux mots-là ne peuvent pas aller ensemble.

LE MARQUIS, *à Colin.*

Elle s'attendrit, mon ami, demande-lui pardon pour moi.

(*Il se jette dans les bras de Colin.*)

COLIN, *ému.*

Ma sœur, il vient de m'embrasser comme il m'embrassait autrefois.

LE MARQUIS.

Colette! mon ami! je suis encore digne de vous; je le sens aux transports de mon cœur. Ah! le don d'aimer est un présent que le ciel ne fait qu'une fois. J'ai si souvent regretté les jours tranquilles que nous passions ensemble! j'ai si bien éprouvé que le bonheur n'est que dans l'amour et dans l'obscurité!

COLIN.

Mon ami, il ne tient qu'à toi d'en jouir encore. Reviens chez nous, tu trouveras assez de malheureux pour bien placer ton argent, tu feras du bien; nous t'aimerons: ce sera jouir à la fois du bonheur des pauvres et des riches.

LE MARQUIS.

Plût au ciel que ma mère t'entendît avec l'émotion que tu me causes! Mais ma mère n'est occupée que d'ambition; elle est bien malheureuse; elle ne songe jamais à ce qu'elle a, et toujours à ce qu'ont les autres. J'espère cependant la fléchir; je lui montrerai cette promesse de mariage que nous prenions plaisir à renouveler tous les jours. Vous devez l'avoir, Colette.

COLETTE.

Je ne l'ai pas perdue : mais, depuis quelque temps, je n'osais plus la lire ; il me semblait qu'elle me disait du mal de vous.

LE MARQUIS.

Mon frère, mon amie, je vous jure de nouveau, sur tout ce que j'aime, que je tiendrai ma parole. Je vais me jeter aux genoux de ma mère : je vais lui déclarer que j'en mourrai si je ne suis pas votre époux, et que toute autre femme....

SCÈNE V.
COLIN, COLETTE, LE MARQUIS, LA MARQUISE.

LA MARQUISE.

Mon fils, on vient d'apporter vos habits de noces.

COLETTE.

O ciel !

LE MARQUIS.

Gardez-vous de croire....

COLETTE.

Vous me trompiez......

LE MARQUIS.

Le ciel m'est témoin....

LA MARQUISE.

Qu'avez-vous donc, mon fils, et que signifient tant de secrets avec mademoiselle Colette? Ce n'est point la veille d'un mariage que l'on reçoit de pareilles visites. Et vous monsieur Colin et mademoiselle Colette, vous venez obséder mon fils : il n'a plus le temps de s'occuper de vous ; je vous prie de le laisser en repos.

COLIN.

Oui, madame, nous allons le laisser, soyez-en bien sûre. Viens, ma sœur, viens avec ton frère ; puisse-t-il te tenir lieu de tout !

(*Ils sortent.*)

LE MARQUIS *court après eux.*

Non, demeurez ; je vous en conjure.

COLIN.

Vous auriez trop à rougir.

SCÈNE VI.

LE MARQUIS, LA MARQUISE.

LE MARQUIS.

MA mère, je vous respecte, je vous honore ; mais vous me percez le cœur, mais vous vous dégradez vous-même. Eh ! de quel droit osez-vous mépriser mes amis, mes égaux, les vôtres ? Quels sont vos titres, ma mère ? Leur naissance vaut la mienne, et leur cœur vaut mieux que le mien.

LA MARQUISE.

Est-ce vous qui parlez, mon fils? Est-ce bien vous qui osez...?

LE MARQUIS.

Oui, ma mère, j'ose vous dire que vos richesses ne sont rien, et que je les abhorre si elles donnent le droit d'être ingrat.

LA MARQUISE.

Je t'entends : le voilà ce mystère que je craignais de découvrir. Que vous étiez bien né pour l'état vil d'où ma tendresse vous a tiré! vous en avez toute la bassesse. Vous aimez Colette, j'en suis sûre; vous rougissez de me le dire : mais....

LE MARQUIS.

Non, ma mère, non, je n'en rougis pas. J'aime Colette; je fais gloire de l'avouer; mon amour pour elle est presque aussi ancien dans mon cœur que ma tendresse pour vous. C'est en vain que j'ai voulu l'éteindre; grâce au ciel, le peu de vertu qui me reste l'a emporté sur mon orgueil. J'ai promis à Colette de l'épouser, je tiendrai ma parole; mon honneur, ma félicité en dépendent : je préfère Colette pauvre, simple et honnête, à toutes vos femmes dont la richesse est la seule qualité.

LA MARQUISE.

Où en sommes-nous, grand Dieu? Vous l'époux de Colette! Vous....

SCÈNE VII.

LA MARQUISE, LE MARQUIS, DURVAL.

DURVAL.

Votre procureur était au palais, madame, et j'ai....

LA MARQUISE.

Ah! monsieur Durval, venez à mon secours, venez entendre ce qu'il ose me dire; il veut épouser cette Colette dont je vous ai parlé; il veut faire le malheur et la honte de ma vie.

DURVAL

Monsieur le marquis, songez donc à ce que vous êtes; songez....

LE MARQUIS.

Songez vous-même à ne pas vous mêler des affaires de mon cœur : depuis que je vous connais, il n'a jamais eu rien de commun avec vous.

LA MARQUISE.

C'en est trop, ingrat : voilà donc le prix de tout ce que j'ai fait! Je n'ai vécu que pour toi, j'ai tout sacrifié pour toi; et, au moment où ta fortune allait me payer de tant de sacrifices, tu veux m'avilir, te dégrader, manquer à ta parole, à celle que j'ai donnée à madame d'Orville !

LE MARQUIS.

Eh ! ma mère, dois-je la tromper ? Dois-je l'épouser quand j'en aime une autre ? Elle va venir, je veux la prendre pour juge ! je veux lui déclarer ma passion pour Colette.

LA MARQUISE.

Cruel enfant ! voici le premier chagrin que tu me donnes, il est violent; tu aurais dû y accoutumer mon cœur. Écoute-moi, daigne écouter ta mère ; elle a peut-être le droit de te supplier. Je te demande, je te conjure de ne parler de rien à madame d'Orville ; je t'accorderai du temps pour te décider à l'épouser : mais ne va pas éloigner de moi la plus chère et la plus tendre des amies. Mon fils, j'attends cette bonté de toi. (*A part.*) Si j'étais assez heureuse pour qu'elle ne vînt pas....

SCÈNE VIII.

LA MARQUISE, LE MARQUIS, DURVAL, L'ÉPINE.

L'ÉPINE.

MADAME la comtesse d'Orville.

SCÈNE IX.

LE MARQUIS, LA MARQUISE, LA COMTESSE, DURVAL.

LA MARQUISE, *à part.*

O ciel! (*Haut.*) Eh! bonjour, madame; nous commencions à craindre de ne pas vous avoir : mon fils allait courir chez vous.

LA COMTESSE.

Comment supposiez-vous que je manquerais à mon engagement ? Je me sais pourtant gré d'arriver tard, puisque j'ai donné un peu d'inquiétude à monsieur le marquis.

LE MARQUIS.

Madame....

LA MARQUISE.

Vous êtes-vous promenée aujourd'hui ?

LA COMTESSE.

Non, je sors de chez moi.

LA MARQUISE, *à demi-voix.*

Mon fils a passé sa matinée aux Tuileries, espérant vous y trouver.

LE MARQUIS.

Je suis trop vrai.....

LA MARQUISE

J'espère que nous dînerons bientôt. Monsieur Durval, voulez-vous bien dire que l'on serve ?

(*Durval sort.*)

SCÈNE X.
LE MARQUIS, LA MARQUISE, LA COMTESSE.

LA MARQUISE, *à la comtesse.*

Vous serez seule avec nous.

LA COMTESSE.

J'y serai moins seule que partout ailleurs. Si vous saviez combien je suis lasse de ce grand monde où l'on court toujours après le plaisir sans jamais trouver le bonheur !

LE MARQUIS.

Et comment le trouver, madame, si l'on ne prend pas son cœur pour guide ?

LA COMTESSE.

Vous avez raison, monsieur le marquis. Mais qu'avez-vous donc aujourd'hui ? Je vous trouve l'air inquiet.

LA MARQUISE.

Pardonnez-lui : il est entièrement occupé de sa reconnaissance et du désir de vous plaire.

LA COMTESSE.

Il est un sûr moyen de plaire ; c'est de savoir aimer.

LE MARQUIS.

Ah! madame, cela s'apprend bien vite; et la première leçon ne s'oublie jamais.

LA MARQUISE, *à la comtesse.*

Voilà ce qu'il m'a dit la première fois qu'il vous a vue.

SCÈNE XI.

LES MÊMES, LE MAITRE D'HOTEL.

LE MAÎTRE D'HÔTEL.

Madame la marquise est servie.

LA MARQUISE.

Allons nous mettre à table; ensuite j'aurai bien des choses à vous dire.

FIN DU SECOND ACTE.

ACTE TROISIÈME.

SCÈNE I.

LA COMTESSE, DURVAL.

LA COMTESSE.

Qu'est-ce donc, monsieur Durval, que cet homme de loi qui vient de demander la marquise et son fils ? Aurait-elle un procès ?

DURVAL.

Non, madame ; c'est une discussion fort peu intéressante, une affaire de rien : soyez sûre que madame la marquise n'est occupée dans ce moment que du bonheur de vous avoir pour sa fille.

LA COMTESSE.

J'espère que ce mariage fera ma félicité. Cependant je suis bien mécontente du marquis : lui que j'ai toujours vu d'une gaîté charmante, il est d'un sérieux qui me glace ; il a l'air de m'épouser malgré lui. Je vous assure que, sans mon extrême amitié pour sa mère, je retirerais ma parole.

DURVAL.

Il faut pardonner à son âge une timidité que vous prenez pour de la froideur. Son respect pour vous gêne ses sentimens; il n'ose pas encore vous dire qu'il vous aime, et il est distrait par le plaisir de le penser.

LA COMTESSE.

J'ai bien peur, monsieur Durval, que vous n'ayez besoin de tout votre esprit pour le défendre.

SCÈNE II.

LA COMTESSE, LE MARQUIS, LA MARQUISE, DURVAL.

LE MARQUIS.

Non, ma mère, non; je ne puis me taire.

LA MARQUISE.

Mais, mon fils, arrêtez; tout n'est pas perdu.

LE MARQUIS.

Tout le serait, si j'étais assez vil pour cacher notre malheur. (*A la comtesse.*) Madame, ma mère avait un procès d'où dépendait toute sa fortune : il vient d'être jugé, et nous l'avons perdu.

DURVAL.

Ah, ciel !

LA COMTESSE.

Comment ! toute votre fortune ?

LE MARQUIS.

Il ne nous reste rien au monde que des dettes.

LA MARQUISE.

Le malheur n'est pas si grand qu'il vous le dit. Si vous êtes assez notre amie pour nous obtenir l'appui de votre famille, il est impossible.....

LA COMTESSE.

Vous ne doutez sûrement pas, madame, du vif intérêt que vous m'inspirez; mais un procès n'est pas une affaire de faveur; personne n'est assez puissant pour en imposer aux lois. D'ailleurs, à mon âge et dans ma position, je ne peux guère solliciter pour monsieur le marquis; on interpréterait mal.....

LA MARQUISE.

L'amitié et les engagemens qui nous lient sont des titres plus que suffisans.

LA COMTESSE.

Je voudrais de tout mon cœur vous être utile; mais nos engagemens sont au moins reculés. Je ne me plaindrai point du mystère que vous m'avez fait. Je vois avec douleur que je ne peux vous être bonne à rien, et que dans un moment aussi cruel vous avez besoin de solitude.

(*Elle lui fait une grande révérence, et sort.*)

SCÈNE III.

LE MARQUIS, LA MARQUISE, DURVAL.

LA MARQUISE.

Est-ce bien elle! elle qui me jurait hier encore une éternelle amitié, qui voulait tout quitter, tout abandonner pour vivre avec moi ; pour devenir ma fille! Ah! monsieur Durval, n'en êtes-vous pas indigné ?

DURVAL.

Comment, madame! en perdant ce procès vous perdez toute votre fortune ?

LA MARQUISE.

Hélas! je n'avais d'autre bien que cette succession : je ne crains pas de vous ouvrir mon cœur, vous êtes le seul ami qui me reste.

DURVAL, *à part.*

Ce procès me ruine aussi.

LA MARQUISE.

Donnez-moi vos conseils.

DURVAL

Il n'y en a plus quand on est sans ressource. D'ailleurs je suis aussi à plaindre que vous;

je ne dois plus compter sur les promesses que vous m'avez faites ; j'ai perdu mon temps dans votre maison.

LE MARQUIS.

Hâtez-vous donc d'en sortir, monsieur, puisque notre fortune était le seul lien qui vous attachait à nous.

DURVAL.

Mais....

LE MARQUIS.

Ne cherchez point de vaines excuses, nous ne valons plus la peine que vous vous déguisiez.

(*Durval sort.*)

SCÈNE IV.

LE MARQUIS, LA MARQUISE.

LE MARQUIS.

Hé bien, ma mère, les voilà ces amis sur lesquels vous osiez compter! vous voyez....

SCÈNE V.

LE MARQUIS, LA MARQUISE, L'ÉPINE.

L'ÉPINE.

Monsieur le marquis m'excusera bien si je prends la liberté de lui demander si ce que l'on dit est vrai.

LE MARQUIS.

Quoi ?

L'ÉPINE.

Monsieur, c'est votre procès : on assure qu'il est perdu, et que monsieur le marquis est ruiné.

LE MARQUIS.

Ce n'est que trop vrai; laissez-nous.

L'ÉPINE, *à part.*

Oh ! c'est bien mon projet. (*Haut.*) Mais, monsieur....

LE MARQUIS.

Hé bien ?

L'ÉPINE.

Monsieur le marquis ne gardera peut-être pas de domestique; et je sais une maison où je pourrais entrer : voilà pourquoi, si c'était un effet de votre bonté de me mettre à la porte en me payant, je vous serais fort obligé.

LE MARQUIS.

L'Épine, ce soir vous serez payé, et libre d'aller où vous voudrez : sortez.

L'ÉPINE.

Oh ! je ne suis pas inquiet, monsieur; mais....

LE MARQUIS.

Mais jusque là je suis votre maître; sortez, ne me le faites pas répéter.

L'ÉPINE, *s'en allant.*

Il faut qu'il ait encore de l'argent, car il est fier.

SCÈNE VI.
LE MARQUIS, LA MARQUISE.

LE MARQUIS.

Du courage, ma mère ! la bassesse de ceux que vous avez crus vos amis doit vous consoler. Puisqu'ils n'aiment que vos richesses, ce sont eux qui les ont perdues ; et nous y gagnerons le bonheur de vivre pour nous. Cependant ne négligeons aucun des moyens qui nous restent : vous avez d'autres amis ; Darmont m'a toujours paru vous être véritablement attaché.

LA MARQUISE.

Oui, mon fils ; j'ai été assez heureuse pour lui rendre de grands services, je vais mettre sa reconnaissance à l'épreuve.

(*Elle sort.*)

SCÈNE VII.
LE MARQUIS, *seul.*

Moi je vole chez Colin ; c'est à lui que je veux tout devoir. Mais Colette, Colette qui croit que je l'ai trompée, qui s'est retirée sans vouloir m'entendre, ne pensera-t-elle pas que c'est l'indigence qui me ramène à ses pieds ? Ce doute est affreux et me retient malgré moi. Que je suis malheureux ! Je n'oserai plus lui dire que je l'aime.... O ciel ! voilà Colin ! comment oser lui parler ?..

SCÈNE VIII.

LE MARQUIS, COLIN, *un papier à la main.*

COLIN.

Vous ne comptiez plus me revoir; rassurez-vous, c'est la dernière fois. Je ne viens point troubler les apprêts de votre mariage, je ne viens point vous reprocher votre fortune et votre bonheur. J'ai voulu rendre moi-même cette promesse que ma sœur eut la faiblesse d'accepter; j'ai voulu briser de ma main tous les liens qui nous attachaient l'un à l'autre; vous êtes libre, et vous serez heureux; je vous estime assez peu pour en être sûr.

LE MARQUIS, *à part.*

Quel langage ! et je l'ai mérité !

COLIN.

Vous craignez de rougir en reprenant ce papier ? Vous n'avez pourtant pas rougi lorsqu'avec un air de franchise et de tendresse, ici, à cette même place, vous nous demandiez pardon ; vous parliez à ma sœur de mariage et d'amour, tandis que vous aviez tout conclu pour en épouser une autre demain. Allez, l'homme capable d'une ruse aussi indigne doit tirer vanité de n'être ému de rien ; osez me regarder ; c'est à moi de rougir.

LE MARQUIS, *après une pause.*

Oui, vous avez raison. J'ai pu vous cacher un mariage.... qui ne se serait pas fait ; il est juste que j'en sois puni. Rendez-moi cette promesse : (*il la prend*) c'est le seul bien qui me reste : mais j'en suis indigne, il faut y renoncer. (*Il la déchire.*) Allez, abandonnez un malheureux qui ne mérite que votre mépris. Mais hâtez-vous de l'abandonner : si vous saviez combien il est à plaindre, peut-être...

COLIN.

Vous, à plaindre ! Et tout succède à vos vœux. Vous épousez, dit-on, une femme de qualité dont le crédit doit vous porter au comble des honneurs ; vous jouissez d'une fortune immense ; votre mère vous idolâtre ; tout ce qui vous entoure n'est occupé que de vous plaire ; rien ne peut altérer tant de bonheur. Le seul souvenir d'un ami et d'une maîtresse que vous avez trompés pourrait vous importuner dans vos plaisirs ; mais vous n'entendrez jamais parler d'eux ; et, dans la classe où vous allez monter, on oublie aisément les malheureux qu'on a faits.

LE MARQUIS.

C'en est trop, Colin ; respectez mon malheur : apprenez....

SCENE IX.

LE MARQUIS, COLIN, COLETTE.

COLETTE, *accourant.*

Ah! mon frère, ils ont perdu tous leurs biens ; vous l'ignorez, et j'accours pour vous empêcher d'insulter à leur infortune.

COLIN.

Comment, ma sœur? expliquez-vous.

COLETTE.

Leur malheur est déjà public : un procès les a dépouillés de toutes leurs richesses ; ils sont réduits à la plus affreuse indigence.

LE MARQUIS.

Oui ; et je regrette peu tout ce que j'ai perdu : mon plus grand malheur, celui qui me touche le plus, c'est que vous me croyiez coupable ; et j'ai trop d'intérêt à vous paraître innocent pour que j'ose me justifier.

COLETTE.

Vous justifier! croyez-moi, épargnez-vous ce soin, on ne trompe qu'une fois celle qui ne méritait pas d'être trompée. Mais vous êtes malheureux, je viens supplier mon frère de vous secourir. Oui, mon frère, il n'a offensé que moi; il n'a manqué qu'à l'amour; l'amitié doit l'ignorer. Tu serais cent fois plus coupable que lui si tu l'abandonnais; car il me restait mon frère, et que lui restera-t-il? Sa maison est déjà déserte; tout le monde le fuit. Mon frère, tu seras son appui, tu le tireras de l'infortune; et mon cœur te paiera de tes bienfaits en ajoutant à ma tendresse pour toi toute celle que j'avais pour lui.

LE MARQUIS.

Colette, vous déchirez mon cœur et vous l'enflammez. Non, je ne vous ai pas trompée; dès l'instant où je vous ai vue, j'étais résolu de rompre ce mariage. Si je vous l'ai caché, c'était pour ne pas paraître si coupable, c'était pour ne pas vous affliger.

COLETTE.

Si vous aviez jamais aimé, vous sauriez que la plus affreuse nouvelle n'afflige pas autant que le plus léger manque de confiance.

LE MARQUIS.

Hé bien! Colette, décidez de mon sort. Je suis au comble du malheur; sans ressource, abandonné de tout le monde, je n'ai d'appui que vous seule. Rendez-moi votre cœur, j'accepte vos bienfaits; mais, si vous ne m'estimez pas, si vous ne m'aimez plus, vous avez perdu le droit de m'être utile; je ne veux rien vous devoir.

COLETTE.

Quoi! vous voulez....

LE MARQUIS.

Je veux mourir ou être aimé de vous; cette volonté ne m'est pas nouvelle.

COLETTE.

Mon frère, si nous l'abandonnons, personne ne viendra le secourir.

LE MARQUIS.

Point de pitié, Colette; ce sentiment est affreux quand il succède à l'amour. Haïssez-moi, ou pardonnez-moi comme vous me pardonniez autrefois.

COLETTE, *le regardant*.

Ah! que l'infortune vous va bien! Depuis que vous êtes malheureux, vous ressemblez bien davantage à ce Jeannot que j'ai tant aimé.

LE MARQUIS.

Je n'ai jamais cessé de l'être : mon cœur vous en répond : il est à vous, ce témoin-là; il ne peut mentir.

COLETTE.

Si j'étais bien sûre....

SCÈNE X.
LE MARQUIS, LA MARQUISE, COLIN, COLETTE.

LA MARQUISE.

Mon fils, tout et perdu : je viens de chez un ingrat qui me doit tout ; il n'a pas même voulu me recevoir. Que devenir ? Il ne me reste plus rien sur la terre.

COLIN.

Ah ! madame, pourquoi oubliez-vous qu'il vous reste Colin ? Ma sœur et moi nous avons éprouvé aujourd'hui une douleur plus vive que celle qui vous accable ; vous ne perdez que votre fortune ; et nous avons craint d'avoir perdu nos amis. C'est à vous, madame, à nous prouver notre injustice ; c'est à vous à consoler nos cœurs en acceptant tout ce que nous possédons.

LE MARQUIS.

J'en étais sûr, Colin. Oui, ma mère, voilà votre ami, votre bienfaiteur ; c'est à lui que mon cœur vous confie : quant à moi, il m'est impossible de partager le bonheur que vous promet son amitié.

LA MARQUISE.

Qu'entends-je, mon fils ! Tu veux me quitter ?

LE MARQUIS, *montrant Colette.*

Elle ne m'aime plus; elle croit que je l'ai trompée.

LA MARQUISE.

Vous, Colette! et c'est pour vous seule qu'il osait me désobéir; c'est pour vous...

COLETTE.

N'achevez pas, c'est lui que je veux croire. Oui, je suis sûre de ton cœur : et je ne te rends pas le mien; jamais je n'ai pu te l'ôter. Ta Colette est aujourd'hui bien plus heureuse que toi, puisque c'est elle enfin qui fera ton bonheur.

(*Le marquis tombe à ses pieds, et se tourne vers Colin.*)

LE MARQUIS.

Et toi, es-tu mon frère?

COLIN *l'embrasse.*

Il y a long-temps. (*A la marquise.*) Madame, nous étions destinés à ne faire qu'une famille; souffrez que votre fils épouse ma sœur, et que tout mon bien lui serve de dot.

LA MARQUISE.

Ah! Colin! quelle vengeance! et combien vous êtes au-dessus de moi!

COLIN.

Vous vous trompez, puisque c'est vous qui êtes malheureuse.

Théâtre.   Tom. I Page 206.

LE MARQUIS.

Eh! ma mère, dites donc bien vite que vous me donnez à Colette.

LA MARQUISE.

Hélas! mes enfans, c'est moi qui me donne à vous. Mais comment pourrai-je réparer jamais....

COLETTE.

Ah! ma mère, si vous saviez combien je vous dois pour le plaisir de vous appeler ma mère!

COLIN.

J'ai ici de quoi vous acquitter avec vos créanciers. Nous donnerons à ta mère, mon cher Jeannot, ton patrimoine d'Auvergne; la dot de ta femme restera dans mon commerce, que je ne ferai plus que pour vous deux. (*A la marquise.*) Approuvez-vous ce que je lui propose?

LA MARQUISE.

Je vous devrai, Colin, bien plus que vous ne pensez; vous m'avez appris que le bonheur n'est pas dans la vanité, et que la vertu seule vient au secours de l'infortune.

FIN DE JEANNOT ET COLIN.

LES JUMEAUX DE BERGAME,

COMÉDIE

EN UN ACTE ET EN PROSE,

Représentée pour la première fois sur le théâtre italien, le mardi 6 août 1782.

PERSONNAGES.

Arlequin.
Arlequin cadet.
Rosette.
Nérine.

La scène est à Paris, dans une place publique où est la maison de Rosette. A la porte de cette maison doit être un banc de pierre.

LES JUMEAUX DE BERGAME,
COMÉDIE.

SCÈNE I.

ARLEQUIN, NÉRINE.

NÉRINE.

Je te suivrai partout.

ARLEQUIN.

Comme il vous plaira; la rue est libre.

NÉRINE.

Je saurai ce que tu fais, et où tu vas.

ARLEQUIN.

Vous ne saurez rien; car je vais rester ici à ne rien faire.

NÉRINE.

Mais, dis-moi, je t'en supplie....

ARLEQUIN.

Quoi?

NÉRINE.

Tu es bien sûre que je t'aime.

ARLEQUIN.

Oui.

NÉRINE.

Et toi, m'aimes-tu?

ARLEQUIN.

Non.

NÉRINE.

Et tu penses, perfide....?

ARLEQUIN.

Un moment, mademoiselle Nérine : êtes-vous capable de m'écouter une minute de sang-froid?

NÉRINE.

Oui, oui; parle, parle : je t'écoute; je suis curieuse de savoir comment tu pourras t'excuser de cette indifférence, de cette froideur qui fait le malheur de ma vie; comment tu pourras me persuader.... Mais parle donc, je t'écoute tranquillement.

ARLEQUIN.

Je le vois bien; mais votre tranquillité me fait peur.

NÉRINE.

Allons, explique-toi, justifie-toi; parle-moi donc.

ARLEQUIN.

Soyez juste, mademoiselle Nérine : vous savez bien que de ma vie je ne vous ai parlé d'amour; d'après cela....

SCÈNE I.

NÉRINE, *très vivement*.

Tu ne m'en as jamais parlé, scélérat! tu ne m'en as jamais parlé? Te souvient-il des premiers temps que tu étais dans la maison? Comme tu volais au-devant de ce qui pouvait me plaire! comme tu t'empressais de faire tout l'ouvrage que je devais partager! Tu ne m'abordais jamais qu'avec cet air doux et tendre que tu prends si bien quand tu veux, monstre; et tu n'appelles pas cela de l'amour! Dis plutôt que j'ai cessé de te plaire; dis-moi qu'une autre, plus heureuse, m'a enlevé ton cœur. Mais ne te flatte pas que l'on m'ôtera impunément mon bien : non, traître; non, perfide; je me vengerai, sois-en sûr; je punirai ton mépris : et puisque l'amour le plus tendre n'a fait de toi qu'un ingrat, je mériterai ton indifférence en m'occupant de te haïr comme je m'occupais de t'aimer.

ARLEQUIN.

Si vous m'écoutez toujours comme cela, jamais vous ne m'entendrez.

NÉRINE.

Mais parle donc, défends-toi; profite de ce moment de calme.

ARLEQUIN.

Vous savez bien, mademoiselle Nérine,

qu'il y a six mois que j'entrai au service de vos maîtres.

NÉRINE.

Après, après, après.

ARLEQUIN.

En arrivant dans votre maison, je m'occupai de gagner l'amitié de tout le monde; vous fûtes avec moi plus polie que personne, je fus plus honnête avec vous. Petit à petit votre politesse est devenue de l'amour; ce n'est pas ma faute : vous ne m'avez pas consulté; car, si vous l'aviez fait, je vous aurais dit : Mademoiselle Nérine, je ne vaux pas la peine d'être aimé de vous; je suis retenu.

NÉRINE.

Comment! que veux-tu dire? Et tu crois:...

ARLEQUIN.

Continuons à causer paisiblement. Oui, mademoiselle, j'en aime une autre; je l'aimais avant de vous connaître : sans cela, peut-être auriez-vous eu la préférence. Vous voyez que je suis toujours poli; devenez raisonnable, mademoiselle Nérine. Que diable! je ne vous ai jamais fait de mal, moi; pourquoi m'aimez-vous?

NÉRINE, *dans la dernière fureur.*

Hé bien, puisque tu le veux, puisque tu le désires, tu peux compter sur la haine la plus implacable. Dès aujourd'hui, je te défends de me parler, de me regarder, de jamais te trouver dans les lieux où je serai. Perfide! je te prouverai que tu ne méritais pas une femme comme moi. Et ne t'imagine pas que tu pourras rire avec ta nouvelle maîtresse, et te moquer de mes chagrins : non, non; je saurai me venger. (*Elle lui fait faire le tour du théâtre.*) Je découvrirai ma rivale, je vous poursuivrai tous les deux, j'allumerai ta jalousie et la sienne, je vous brouillerai, je vous rendrai malheureux l'un par l'autre, je ferai de votre ménage un enfer; et ton tourment sera la seule occupation et le seul plaisir de ma vie. Adieu.

(*Elle sort.*)

SCÈNE II.

ARLEQUIN, seul.

CETTE femme-là a une manière de s'attendrir à laquelle je ne peux pas m'accoutumer; je tremble comme la feuille toutes les fois qu'elle me parle de tendresse. Ah! que Rosette est différente! Quand je suis près d'elle, je ne tremble jamais de rien, que de ne pas lui plaire assez. Heureusement je dois l'épouser demain : hé bien, malgré notre mariage, je sens que j'aurai toujours cette frayeur-là. Mais la voici.

(*Rosette sort de sa maison avec une boîte à portrait à la main.*)

SCÈNE III.

ROSETTE, ARLEQUIN.

ROSETTE.

Bonjour, mon ami, je t'attendais avec impatience. Jamais je ne me suis tant ennuyée qu'aujourd'hui ; c'est sans doute parce que je dois t'épouser demain, et que la veille d'un beau jour est bien longue.

ARLEQUIN.

Je suis comme toi, ma bonne amie. J'ai beau écouter l'horloge à toutes les minutes, elle ne sonne que toutes les heures ; et quand nous sommes ensemble, cette drôlesse-là sonne les heures à toutes les minutes.

ROSETTE.

J'espère que notre mariage ne réglera pas cette horloge.

ARLEQUIN.

Que tiens-tu là ? Voyons, montre vite ; je suis pressé. Pour qui cela ?

ROSETTE.

C'est pour toi ; car c'est moi.

SCÈNE III.

ARLEQUIN, *regardant le portrait.*

Comment! Oui, c'est toi. Tu es là (*il montre le portrait*); tu es là (*il montre Rosette*); tu es ici (*il montre son cœur*); tu es partout. Je ne m'étonne plus si je te vois partout.

ROSETTE.

Mon ami, depuis long-temps je t'ai donné mon cœur; aujourd'hui voilà mon portrait, et demain je serai ta femme.

ARLEQUIN, *regardant le portrait.*

Qu'il est joli! c'est un peintre qui a fait cela, ma bonne amie; j'en suis fâché : il est sûrement amoureux de toi, ce peintre-là; car il faut regarder quelqu'un pour le peindre. Oh! c'est bien toi. (*Il le baise.*) Plus je l'embrasse, plus j'ai envie de t'embrasser..... Mais non, je dois t'épouser demain; je n'ai jamais volé personne, il ne faut pas commencer par moi. (*Il veut mettre le portrait dans sa poche.*)

ROSETTE.

Rends-moi ce portrait, mon ami; le peintre m'a demandé d'y retoucher encore; c'est l'affaire d'un moment : si tu veux venir avec moi, tu l'emporteras tout de suite.

ARLEQUIN *lui rend le portrait.*

Non, il faut que je m'en aille, car mon maître m'attend pour que je lui rende ses clefs. Nous avons eu une querelle ensemble : il m'a refusé la permission de me marier; je lui ai dit qu'il n'avait qu'à chercher un autre domestique. Il s'est emporté, et m'a mis à la porte sans vouloir me payer mes gages.

ROSETTE.

Sois tranquille, je suis riche, et demain ma fortune et ma main seront à toi. Va finir tes affaires, et reviens chercher ce portrait avant la nuit.

ARLEQUIN.

Je n'y manquerai pas. Ce qui me fâche le plus de la colère de mon maître, c'est que je comptais lui donner à ma place mon frère jumeau qui est en Italie. Je lui ai écrit, dans cette intention, de venir tout de suite me joindre à Paris. Il arrivera un de ces matins, et je ne saurai comment le placer.

ROSETTE.

Nous aurons soin de lui, ne t'en inquiète pas.

ARLEQUIN.

Oh! je suis bien sûr que mon frère te plaira; il est charmant, toujours gai, toujours de bonne humeur; et puis nous nous ressemblons si parfaitement, qu'il est très difficile de nous distinguer. Tout bien réfléchi, je suis bien aise qu'il ne soit pas encore arrivé; car tu aurais

SCÈNE III.

fort bien pu l'épouser à ma place sans t'en douter.

ROSETTE.

Oh! que non, mon ami: celui qu'on aime n'a point de jumeau. Mais tu oublies que ton maître t'attend.

ARLEQUIN.

A propos; sûrement il m'attend: il faut que je m'en aille. Adieu, ma bonne amie. Tache de faire dépêcher ce peintre. (*Il s'en va.*)

ROSETTE.

Oui, oui; adieu.

ARLEQUIN *revient*.

Ma bonne amie, n'oubliez pas que c'est aujourd'hui la veille de demain.

ROSETTE.

Sois tranquille, et va-t'en.

ARLEQUIN.

Oh! je m'en vais: adieu. (*Il revient.*) Ma bonne amie, vous ne savez pas, j'ai une peur terrible de mourir avant d'être a demain. Si je mourais, cela romprait-il notre mariage?

ROSETTE.

Si cela t'arrive, je te promets de mourir aussi. Es-tu content?

ARLEQUIN.

Oh! c'est trop: pourvu que je te voie me regretter, cela me suffit.

ROSETTE.

Mais veux-tu bien partir?

ARLEQUIN.

Me voilà parti; adieu, ma chère Rosette. (*Il lui baise la main, et ôte son chapeau au portrait en disant :*) Adieu, monsieur mon ami.

SCÈNE IV.

ROSETTE, *seule*.

Comme il m'aime! comme je suis heureuse! Allons vite faire achever ce portrait; et puisqu'il perd à cause de moi tout ce que lui doit son maître, je mettrai dans la boîte tout l'argent dont je peux disposer. Le plaisir le plus vif de l'amour, c'est de donner à celui qu'on aime.

(*Rosette sort; et l'on entend derrière la scène Arlequin cadet chanter : on le voit paraître avec une guitare sur le dos.*)

SCÈNE V.

ARLEQUIN CADET, *seul*.

(*Il chante.*)

Toujours joyeux, toujours content,
  Je sais braver la misère;
  Pour la rendre plus légère,
Je la supporte en chantant.

SCÈNE V.

Souvent la vie est importune :
J'ai mon fardeau, chacun le sien :
Ma gaîté, voilà ma fortune ;
Ma liberté, voilà mon bien.

D'un an de peine et de chagrin
Un court plaisir me dédommage ;
Quand je suis au bout du voyage,
Je ne songe plus au chemin.
Du sort je crains peu l'inconstance ;
Tantôt du mal, tantôt du bien ;
Travail, repos, plaisir, souffrance ;
Je ne refuse jamais rien.

J'ai beau chanter, je ne peux pas oublier que je meurs de faim. Mais il faut que mon frère soit fou ; il m'écrit à Bergame de venir le joindre à Paris, et il oublie de me donner son adresse. J'ai déjà demandé à plus de cent personnes où demeure monsieur Arlequin, domestique ; ils me répondent tous par des éclats de rire. On aime beaucoup à rire dans ce pays-ci. Oh ! je rirai aussi, moi, mais quand j'aurai dîné. On a beau dire que l'on s'accoutume à tout, voilà plus de trois jours que j'ai faim, et je ne peux pas m'y accoutumer. Allons, du courage ; peut-être ferai-je fortune ici ; je montrerai l'italien, je sais jouer de la guitare, voilà de quoi se pousser dans le monde. D'ailleurs j'ai ouï dire qu'en France on préfère toujours quelqu'un de médiocre, quand il est étranger, à un homme de mérite qui n'est que du pays; je suis étranger; je ferai fortune. En attendant, je voudrais bien trouver mon frère. Il me vient une idée; je vais frapper à toutes les portes que je verrai; je finirai sûrement par trouver mon frère. Voyons, commençons par celle-ci. (*Il frappe à la porte de Rosette. Rosette vient derrière lui.*)

SCÈNE VI.

ROSETTE, ARLEQUIN CADET.

ROSETTE.

NE frappe pas si fort; tiens, voilà mon portrait, il est achevé. (*Elle lui donne la boîte.*) Je n'ai pas le temps de causer avec toi; la nuit vient, il faut que je rentre dans ma maison. Je t'attendrai demain à huit heures; notre mariage sera pour neuf. Adieu, mon ami : d'ici là, pense toujours à Rosette. (*Elle rentre, et laisse Arlequin cadet stupéfait, avec la boîte à la main.*)

SCÈNE VII.

ARLEQUIN CADET, seul.

On m'avait bien dit que les demoiselles de Paris étaient fort prévenantes; mais, par ma foi, je n'aurais jamais cru que ce fût à ce point-là. *(Il regarde le portrait.)* Elle est jolie mademoiselle Rosette! Mais cette boîte me semble bien lourde..... *(Il l'ouvre.)* Des louis d'or! Elle est charmante, mademoiselle Rosette! La fortune ne m'a pas fait attendre long-temps dans ce pays-ci. A peine débarqué, je trouve une jolie fille et de l'argent *(Il compte les louis d'or.)* Un, deux, trois, cinq... Plus j'y pense, plus je la trouve aimable; dix, neuf, sept... Oh! mon cœur est pour jamais à mademoiselle Rosette. *(Ici Nérine arrive, et vient doucement derrière Arlequin cadet, en l'écoutant parler; celui-ci, après avoir remis l'argent dans la boîte, s'adresse au portrait.)*

SCÈNE VIII.

ARLEQUIN CADET, NÉRINE.

ARLEQUIN CADET.

Oui, charmante Rosette, de toute mon âme je vous épouserai demain; je vous aimerai, qui plus est; vous avez des manières si séduisantes, que jamais.... (*Nérine lui arrache la boîte avec fureur.*)

NÉRINE.

Enfin, je te connais, monstre !

ARLEQUIN CADET.

Bon !

NÉRINE.

Je connais ma rivale. C'est donc Rosette que tu me préfères ? C'est Rosette que tu épouses demain ?

ARLEQUIN CADET, *à part*.

Tenez ! l'on sait déjà mon mariage. (*Haut.*) Oui, mademoiselle : est-ce une raison pour me prendre mon bien ?

NÉRINE.

Ton bien, ton bien, scélérat !... Je ne sais qui me tient que je ne t'arrache les yeux. Perfide ! ton bien était le cœur de Nérine, qui t'adorait, qui n'aimait que toi, dont la félicité dépendait de toi seul ! Ingrat ! tu le méprises, tu comptes pour rien mon amour, mes larmes, mon désespoir ! Rien ne m'arrête plus ; il est temps de venger mes injures.(*Elle le prend à la gorge, et le secoue rudement.*) Il est temps d'étouffer le sentiment qui m'a retenue jusqu'ici. Tu te repentiras de m'avoir trahie, tu gémiras de m'avoir perdue ; je veux te voir à mes genoux me demander pardon, pleurer, mourir de douleur, et je n'en serai que plus inflexible. (*Elle le jette contre une coulisse, et s'en va.*)

SCÈNE IX.

ARLEQUIN CADET, seul.

Hé bien, elle emporte la boîte.... Oh, eh, mademoiselle, oh, eh, rendez au moins les louis d'or. Elle ne m'écoute pas : courons après, et tâchons de rattraper mon argent. C'est un singulier pays que celui-ci! On vous donne d'une main, et l'on vous reprend de l'autre.

(*Il sort. Arlequin arrive du côté opposé.*)

SCÈNE X.

ARLEQUIN, seul.

Grace au ciel, me voilà libre, et je n'aurai plus à obéir qu'à ma chère Rosette. Ah! que c'est différent d'avoir un maître ou une maîtresse! Cela ne devrait pas s'appeler de même... Frappons à la porte.

(*Il frappe.*)

SCÈNE XI.

ARLEQUIN, ROSETTE, *à la fenêtre.*

ROSETTE.

Qui est là ?

ARLEQUIN.

C'est moi.

ROSETTE.

Que veux-tu ?

ARLEQUIN.

Belle demande ! le portrait.

ROSETTE.

Quel portrait ?

ARLEQUIN.

Comment, quel portrait ! Le tien. Y en a-t-il deux dans le monde ?

ROSETTE.

Tu l'as dans ta poche.

ARLEQUIN.

Je l'ai dans ma poche ! et qui l'y aurait mis. (*Il se fouille.*)

ROSETTE.

C'est toi ; je te l'ai donné, il n'y a pas un quart d'heure.

ARLEQUIN.

Tu me l'as donné ?

ROSETTE.

Sans doute.

SCÈNE XI.

ARLEQUIN.

A moi?

ROSETTE.

A toi-même, l'as-tu déjà oublié?

ARLEQUIN.

Écoutez, ma bonne amie, c'est sûrement moi qui ai tort; car il est impossible que vous n'ayez pas raison : mais on ne s'entend jamais bien à cinq ou six toises l'un de l'autre; faites-moi le plaisir de descendre, je vous en prie.

ROSETTE.

Très volontiers; ce ne sera pas pour long-temps, car voilà la nuit.

(*Elle descend.*)

ARLEQUIN, *à part.*

Que veut-elle dire? Je sais fort bien que je n'ai pas plus de mémoire qu'un lièvre; mais je n'oublie jamais ce qu'on me donne.

ROSETTE.

Hé bien! me voilà : que me veux-tu?

ARLEQUIN.

Je veux mon portrait : vous me l'avez promis; il faut tenir sa parole.

ROSETTE.

Mais elle est acquittée ma parole; et tu sais bien....

ARLEQUIN.

Allons, allons, mademoiselle Rosette, finissons cette plaisanterie; je n'aime point du tout qu'on badine sur ces choses-là. Quand on est amoureux tout de bon, ce n'est pas pour rire, mademoiselle.

ROSETTE.

Quoi! sérieusement, tu veux me soutenir que je ne t'ai pas donné mon portrait?

ARLEQUIN.

Non, sans doute, vous ne me l'avez pas donné; vous m'avez dit de le venir reprendre avant la nuit, et je ne vous ai pas revue depuis ce moment.

ROSETTE.

Arlequin.

ARLEQUIN.

Après? —

ROSETTE.

Avez-vous envie de me fâcher?

ARLEQUIN.

Comment pourrais-tu le croire? Tu sais bien que j'en ai tremblé toute ma vie.

ROSETTE.

Hé bien, mon ami, finissons : songe à ce que tu m'as dit si souvent, que jamais il n'y aurait de querelle dans notre ménage; voudrais-tu manquer à ta promesse dès la veille?

SCÈNE XI.

Je ne l'ai pas mérité; j'ai fait pour toi tout ce que j'ai pu faire : tu désirais mon portrait, je te l'ai donné avec autant de plaisir que tu m'en as marqué en le recevant. Tu l'as, garde-le : n'en parlons plus, et je te souhaite le bonsoir.

(*Elle veut s'en aller, Arlequin la retient.*)

ARLEQUIN.

Ma bonne amie....

ROSETTE.

Hé bien?

ARLEQUIN.

Il est possible que l'amour, le bonheur de vous épouser demain, me troublent la cervelle : si cela est, vous devez avoir pitié du mal que vous m'avez fait. Redites-moi donc, par amitié, par complaisance, dans quel endroit, quand et comment vous avez eu tant de plaisir à me donner ce portrait.

ROSETTE.

Ici, il n'y a pas un quart d'heure : je revenais de chez le peintre; je t'ai trouvé frappant à ma porte; je t'ai....

ARLEQUIN.

Moi, je frappais à votre porte?

ROSETTE.

Sans doute. Je t'ai donné la boîte où était le portrait; et comme tu m'avais dit que ton maître te refusait ce qu'il te doit, j'ai mis dans la boîte le peu d'argent que je possédais.

ARLEQUIN.

Comment! vous avez mis de l'argent dans la boîte?

ROSETTE.

Oui, mon ami, en serais-tu fâché?

ARLEQUIN.

Ni fâché, ni bien aise; cela ne fait rien à la ressemblance. Ensuite?

ROSETTE.

Ensuite? voilà tout.

ARLEQUIN

Et tout cela est vrai?

ROSETTE, *émue.*

Comment, si cela est vrai!

ARLEQUIN.

Et où l'ai-je mise cette boîte?

ROSETTE.

Je l'ai laissée dans vos mains. Auriez-vous le projet de rompre avec moi en me niant tout ce que je viens de dire?

ARLEQUIN, *cherchant dans sa poche.*

Oh! non, ma bonne amie : oh! mon Dieu, non. Je t'aime trop pour ne pas te croire plus que je ne me crois moi-même. C'est singulier, voilà tout.

SCÈNE XL

ROSETTE, *plus émue.*

Quoi ! vous ne vous souvenez pas...

ARLEQUIN, *cherchant toujours dans ses poches.*

Si fait, si fait, ma bonne amie, je m'en ressouviens à présent, je m'en ressouviens à merveille. Je vous remercie de votre complaisance, et (*il soupire*) du portrait que vous m'avez donné : je ne le perdrai pas, c'est bien sûr.

ROSETTE.

En vérité, mon ami, je crois que ta tête est un peu troublée : mais cela ne peut me déplaire, et je souhaite de ne te voir jamais plus sage. Adieu, mon ami, il fait nuit tout-à-fait, je me retire. A demain ; tu ne l'oublieras pas, j'espère ?

ARLEQUIN.

Non, sans doute ; et je vous réponds de ne pas me faire attendre.

(*Elle rentre chez elle : il fait nuit tout-à-fait.*)

SCÈNE XII.

ARLEQUIN, *seul.*

Il est clair que le diable se mêle de mes affaires, et que c'est lui qui m'a escamoté mon portrait. Or, comme il pourrait fort bien m'escamoter aussi Rosette, je m'en vais me coucher à sa porte, et attendre le bienheureux jour de demain. Je ne bouge pas d'ici (*il s'assied à la porte de Rosette*); je ne ferme pas l'œil de toute la nuit : je m'en vais garder ma maitresse comme j'aurais dû garder son portrait, et nous verrons qui sera le plus fin du diable ou de l'amour.

SCÈNE XIII

ARLEQUIN, ARLEQUIN CADET.

ARLEQUIN CADET, *se croyant seul.*

JE n'ai jamais pu rejoindre cette voleuse : elle ne sait pas sûrement le cruel embarras où elle me met. Que deviendrai-je ? Il fait nuit, et je n'ai pas le sou. Si mademoiselle Rosette n'a pitié de moi, il faudra coucher dans la rue.

ARLEQUIN, *à part.*

J'entends parler de Rosette.

ARLEQUIN CADET.

J'ai envie d'essayer une petite sérénade, cela engagera peut-être mademoiselle Rosette à m'ouvrir sa porte. En conscience, elle peut bien me donner à souper la veille de notre mariage. Voyons.

(*Il prépare sa guitare.*)

SCÈNE XIII.

ARLEQUIN, *se levant.*

Que dit-il donc de mariage?

ARLEQUIN CADET.

Avec tout cela, cette voleuse m'a paru gentille; sa colère m'aurait gagné le cœur, si elle ne m'avait pas pris mes louis d'or. Oh! Rosette vaut mieux, elle donne au lieu de prendre. Allons, chantons-lui quelque joli couplet : quand on veut plaire, et qu'on n'a pas beaucoup d'amour, il faut tâcher d'avoir un peu d'esprit. (*Il accorde sa guitare.*)

ARLEQUIN *aiguise sa batte sur la terre.*

J'accorde aussi ma guitare, moi.

ARLEQUIN CADET *s'assied sur le banc de pierre, et chante.*

DAIGNE écouter l'amant fidèle et tendre
Qui vient encor te parler de ses feux;
Lorsqu'il ne peut ni te voir ni t'entendre,
En te chantant, il est moins malheureux.

SCÈNE XIV.

ARLEQUIN, ARLEQUIN CADET, ROSETTE, *à la fenêtre.*

ROSETTE.

EST-CE toi, mon ami?

ARLEQUIN CADET.

Oui, c'est moi.

ARLEQUIN, *à part*.

Comment ! elle lui parle !

ROSETTE.

Je t'écoute avec un plaisir....

ARLEQUIN CADET.

Oh ! je ne te rendrai jamais celui que m'a fait ton portrait.

ARLEQUIN, *à part*.

Son portrait !

ARLEQUIN CADET *chante*.

A chaque instant je veux revoir ce gage
Qui me promet d'éternelles amours ;
J'ai beau sentir dans mon cœur ton image,
Mes yeux jaloux la désirent toujours.

ARLEQUIN, *à part*.

J'ai bien envie de frotter les oreilles à ce chanteur-là.

ARLEQUIN CADET, *à Rosette*.

Que dis-tu ?

ROSETTE.

Je ne dis rien, mon cher ami, j'écoute.

ARLEQUIN, *à part*.

Ah ! la perfide ! J'étoufferai, je crois, s'il dit encore un couplet.

SCÈNE XIV.

ARLEQUIN CADET, *à Rosetta.*

Tu demandes encore un couplet ?
(*Il chante.*)

POURQUOI veux-tu que ma bouche répète
Le doux serment dont mon cœur est lié ?
Regarde-toi, ma charmante Rosette,
Et tu verras s'il peut être oublié.

ARLEQUIN, *à part.*

Ce drôle-là me fera mourir de chagrin, mais je ne mourrai pas sans m'être vengé. (*Il donne des coups de batte à son frère.*) Voici ma musique, à moi.

ROSETTE, *à la fenêtre.*

O ciel ! courons à son secours.

SCÈNE XV.

ARLEQUIN, ROSETTE.

ARLEQUIN.

JE voudrais bien savoir comment elle pourra s'excuser de tout ce que je viens d'entendre.

ROSETTE, *à tâtons.*

Mon cher ami, où es-tu ? N'es-tu pas blessé ? Parle vite.

ARLEQUIN.

Oui, oui, je suis blessé, et cruellement blessé. La voilà donc cette Rosette dont j'étais si sûr ! la veille de son mariage, elle trahit son mari.... Allez, je vous connais à présent, et je ne vous aime plus. Oh! je sais bien que j'en mourrai d'avoir prononcé ce mot-là, mais je vous le dirai cent fois pour mourir plus vite; je ne vous aime plus, je ne vous aime plus, je ne vous aime plus.

ROSETTE.

Je te supplie de me répondre. Que peux-tu donc me reprocher?

ARLEQUIN.

Ah! ce n'est qu'à ceux que l'on estime encore que l'on fait des reproches, et je n'ai rien à vous reprocher. Adieu.

(*Il s'éloigne; dans le moment Nérine paraît.*)

SCÈNE XVI.

ARLEQUIN, ROSETTE, NÉRINE.

NÉRINE, *à part.*

J'ENTENDS la voix de mon traître : assurons-nous de sa perfidie.

ROSETTE, *qui a seule entendu ces derniers mots.*

Mais que parles-tu de perfidie? Arlequin, mon cher Arlequin, écoute-moi.

(*Ici Arlequin cadet, qui s'était enfui, arrive; entendant les derniers mots de Rosette, il va du côté de Nérine.*)

SCÈNE XVII.

ARLEQUIN, ARLEQUIN CADET, NÉRINE, ROSETTE.

ARLEQUIN CADET, *à Nérine, qu'il prend pour Rosette.*

Me voici ; puis-je te parler ?

ARLEQUIN, *qui prend la voix de son frère pour celle de Rosette.*

Vous parlerez tant qu'il vous plaira, rien ne peut vous justifier.

ROSETTE.

Je suis au désespoir.

ARLEQUIN CADET, *à Nérine, qu'il trouve toujours près de lui.*

Pourquoi cela, ma chère Rosette.

NÉRINE, *à part.*

J'ai peine à contenir ma fureur.

ARLEQUIN CADET, *à Nérine.*

Tu es trop bonne d'être en colère : ce qui m'est arrivé n'est rien : ils étaient cinq ou six contre moi ; sans cela je les aurais frottés d'importance.

ROSETTE, *qui l'entend.*

Mais où es-tu donc ?

ARLEQUIN CADET.

Je suis ici.

ARLEQUIN, *à part.*

Qui est-ce donc que j'entends ?

ARLEQUIN CADET, *à Rosette.*

C'est moi que tu entends.

ROSETTE *prend sa main.*

Est-ce toi ?

ARLEQUIN CADET.

Oui, c'est moi.

NÉRINE *le saisit.*

Oh! je te tiens; tu ne m'échapperas pas.
(*Arlequin cadet se trouve entre Rosette et Nérine.*)

ARLEQUIN, *s'en allant dans la maison de Rosette.*

Tâchons de nous éclaircir.

SCÈNE XVIII.

NÉRINE, ARLEQUIN CADET, ROSETTE.

ROSETTE.

Eh quoi! tu me trahissais ?

NÉRINE.

Tu croyais donc me tromper, scélérat!

ARLEQUIN CADET.

Le diable m'emporte si je sais un mot de ce que vous me voulez! Au nom du ciel, mademoiselle Rosette, ne vous en allez pas; et vous, esprit, diable, lutin invisible, ne me serrez pas si fort, car j'étrangle.

NÉRINE.

Point de grâce, perfide !

SCÈNE XIX.

ARLEQUIN CADET, NERINE, RO-SETTTE; ARLEQUIN, *qui apporte de la lumière.*

ARLEQUIN.

Quoi ! c'est mon frère de Bergame !

NÉRINE.

Comment ! ils sont deux ! Tant mieux.

ARLEQUIN CADET *court embrasser son frère.*

Ah ! mon cher frère, c'est toi ! (*Ils s'embrassent.*)

ARLEQUIN.

Mon cher ami, je suis fort aise de te revoir, quoique vous ne vous conduisiez pas en trop bon frère.

ROSETTE.

Quelle ressemblance ! mais mon cœur n'en est pas la dupe.

(*Elle prend la main de l'aîné.*)

ARLEQUIN.

Il l'a été cependant ; car vous lui avez donné votre portrait.

ARLEQUIN CADET.

Mademoiselle Nérine sait bien ce qu'il est devenu. Écoutez, mademoiselle, j'ignore si mon frère a des torts avec vous; mais il est sûr que je ne suis ici que d'aujourd'hui. Comme j'arrivais, mademoiselle Rosette est venue très poliment me donner son portrait et de l'argent; l'instant d'après, vous êtes venue m'arracher l'un et l'autre, et vous avez disparu comme un éclair, en me reprochant que j'étais insensible à votre amour, tandis que j'aurais donné tous les trésors du monde pour avoir le plaisir de vous voir un moment de plus.

ARLEQUIN.

D'après ce qu'il vous dit, mademoiselle, il me semble que vous pourriez troquer ce portrait-là contre l'original du mien. (*Il montre son frère.*)

NÉRINE.

Vous m'avez appris qu'il faut se connaître avant de s'aimer.

ARLEQUIN CADET.

Voyez mon étourderie! avec vous, j'ai commencé par la fin. D'ailleurs, vous connaissez mon frère; c'est tout comme si vous me connaissiez : vous voyez que je lui ressemble trait pour trait. La seule différence qu'il y ait entre nous deux, c'est que je suis le cadet; et

SCÈNE XIX.

si vous aviez la bonté de m'aimer, je me croirais l'ainé de la famille.

ARLEQUIN.

Allons, mademoiselle Nérine; il dépend de vous seule que nous soyons tous les quatre heureux.

ARLEQUIN CADET.

Hé bien ?

NÉRINE.

Hé bien, je vois qu'il faut d'abord lui rendre son portrait, et puis nous verrons s'il faudra vous donner le mien.

ARLEQUIN.

Mes amis, nous voilà tous contens; aimons-nous bien, mais si vous m'en croyez, n'habitons pas dans la même maison; il pourrait arriver des méprises de plus grande conséquence que celle d'aujourd'hui.

VAUDEVILLE.

ARLEQUIN CADET, *à Nérine.*

La foi que vous m'avez promise,
Ne la dois-je qu'à votre erreur?
Trop souvent c'est une méprise,
Lorsque l'on croit être au bonheur.
Dissipez ma frayeur extrême
En me promettant de nouveau
Que vous m'aimerez pour moi-même,
Et non pas comme son jumeau.

NÉRINE.

Éloignez de vaines alarmes,
L'hymen unira nos deux cœurs :
D'un rival vous avez les charmes,
Mais vous n'avez pas ses rigueurs.
Pour fixer mon âme incertaine,
L'amour me prête son flambeau ;
A l'aimer je perdis ma peine,
Vous ne serez pas son jumeau.

ARLEQUIN, *à Rosette.*

Souviens-toi bien de l'imposture
Qui pensa faire mon malheur :
En amour la moindre piqûre
Blesse profondément le cœur.
Si jamais un amant fidèle,
Brûlant d'un feu toujours nouveau,
Te jure une ardeur éternelle,
Prends-y garde, c'est mon jumeau.

ROSETTE, *au cadet.*

Mon ami, devenez mon frère,
L'amitié vaut bien les amours ;
Et si votre sœur vous est chère,
Je vous reconnaîtrai toujours.

(*à Arlequin*)

Je devais me laisser surprendre,
L'amour n'a-t-il pas un bandeau ?
Si mon cœur a pu se méprendre,
Ce n'était que pour ton jumeau.

FIN DU TOME PREMIER.

TABLE

DES

PIÉCES CONTENUES DANS CE VOLUME.

Avant-propos.................... Pag. 1
Les Deux Billets, comédie............ 23
Le Bon Ménage, ou la suite des Deux Billets, comédie..................... 57
Le Bon Père, ou la suite du Bon Ménage, comédie....................... 103
Jeannot et Colin, comédie........... 157
Les Jumeaux de Bergame, comédie..... 209

FIN DE LA TABLE.